农村养老创新路
——万州敬老院改革纪实

关兰友　吴友凤　编著

东南大学出版社
SOUTHEAST UNIVERSITY PRESS
·南京·

图书在版编目(CIP)数据

农村养老创新路：万州敬老院改革纪实 / 关兰友，吴友凤编著. — 南京：东南大学出版社，2023.9
 ISBN 978-7-5766-0860-1

Ⅰ.①农… Ⅱ.①关… ②吴… Ⅲ.①农村-养老-社会服务-研究-万州区 Ⅳ.①D669.6

中国国家版本馆 CIP 数据核字(2023)第 166066 号

责任编辑：胡中正　责任校对：张万莹　封面设计：毕　真　责任印制：周荣虎

农村养老创新路：万州敬老院改革纪实

编　　著	关兰友　吴友凤
出版发行	东南大学出版社
出 版 人	白云飞
社　　址	南京四牌楼 2 号　邮编：210096　电话：025-83793330
网　　址	http://www.seupress.com
电子邮件	press@seupress.com
经　　销	全国各地新华书店
印　　刷	江苏扬中印刷有限公司
开　　本	700 mm×1000 mm　1/16
印　　张	9　彩插 12 面
字　　数	140 千字
版　　次	2023 年 9 月第 1 版
印　　次	2023 年 9 月第 1 次印刷
书　　号	ISBN 978-7-5766-0860-1
定　　价	40.00 元

* 本社图书若有印装质量问题，请直接与营销部调换。电话(传真)：025-83791830。

前　言

养老难,农村养老更难。怎么办？万州的做法回答了这一难题,并被民政部、国家发改委作为优秀案例向全国推广。万州区通过竞争性磋商引进南京银杏树家园(南京银杏树养老服务有限公司)托管运营万州区敬老院。托管运营后,通过设施设备更新、专业服务融入、积分互助模式等措施改善了敬老院整体面貌;通过项目试点、建立标准化管理流程、统筹资源优化配置等解决了公办机构机制不灵活、服务不专业等问题,盘活了农村养老服务资源,提高了服务满意度;探索农村敬老院整体打包托管运营模式,满足了农村养老的多样化需求,有效解决了农村养老难题,使农村老年人"在乡享老"成为常态。

国家权威部门对万州有效破解农村养老难题的工作予以充分肯定。银杏树家园之所以取得如此骄人的成绩,这与重庆市、万州区各级领导无微不至的关心和大力支持分不开。正如习近平总书记所说的："干事业就要有钉钉子精神,抓铁有痕、踏石留印,稳扎稳打向前走,过了一山再登一峰,跨过一沟再越一壑,不断通过化解难题开创工作新局面。"万州领导在抓农村养老这件事情上就是这样做的。他们牢记习近平总书记的教导,"业绩都是干出来的,真干才能真出业绩、出真业绩"。万州领导积极作为、勇于作为、善于作为,使得万州农村敬老院改革能够顺利进行。银杏树家园有一支不怕苦、不怕脏、不怕累,能打硬仗的有文化、有理想的团队。俗话说:"火车跑得快,全靠车头带。"吴友凤是银杏树家园养老机构的创办人,也是万州项目的主要负责人,更是热爱养老事业的带头人。

笔者在书中重点介绍了万州农村养老创新路这一国家级经验,而且以无限深情的文字介绍了万州的人文环境。养老最好的地方是有山有水有人文,万州这里蕴含三峡水文化、航运文化、宗教文化、三国文化等。山之雄,水之阔,山与水风景如诗如画,支撑起这座城市的纵横坐标;雄伟壮丽的青龙瀑布,雷霆万钧的泄洪景观,形成"山水相连,天人合一"的人间美景。

万州是一座文化之城、英雄之城,也是一座古迹名胜之城。回眸历史,它给人们带来了心灵的震撼,记载着山河风云变幻,透视着古代经典文明,记载着时光斗转星移。这些在万州的历史遗迹和民俗文化中都留下了深刻的烙印。移民文化在这里得到了充分彰显。万州物华天宝,温润的气候、茂密的林泉,孕育出万州得天独厚的旅游资源。铁峰山、方斗山和齐耀山三条大山脉弧跨万州,孕育出国家级风景名胜区潭獐峡、国家森林公园铁峰山、全国重点文物保护单位天生城,孕育了川东竹琴、金钱板等国家级非物质文化遗产。万州有山有水有人文,不仅是养生养老的福地,更是旅居养老的好去处。

银杏树家园与万州项目签约15年,这15年应该怎么做呢?这也许也是细心读者的疑问。为此,项目总负责人吴友凤制定了三个五年规划:

第一个五年(2021—2025年)——打基础：基础设施提档升级，招募人才建立团队，规范制度细抓落实，提高长者生活品质。

第二个五年(2026—2030年)——上台阶：智慧养老提质增效，文化养老丰富精神，依托机构拓展居家，医养康养结合发展。

第三个五年(2031—2035年)——谋发展：人才培养百年大计，模式总结输出管理，立足西部面向全国，千万长者乐享天年。

编　者

2022年10月1日

目　录

第一章　万州　有山有水有人文　养老养生好福地 …… 001
第一节　人杰地灵话万州 …… 003
第二节　长寿之都万州行 …… 004

第二章　万州人口老龄化现状与特点 …… 018
第一节　人口老龄化　关键在农村 …… 019
第二节　万州农村老年人口现状 …… 021
第三节　万州养老服务如何做 …… 022

第三章　南京万州　结对帮扶 …… 030
第一节　结对帮扶概况 …… 031
第二节　农村敬老院改革思路 …… 034
第三节　转变敬老院运营方式 …… 037

第四章　三大作为　牵手南京银杏树 ·················· 043
第一节　积极作为　调研是谋事之基、成事之本 ········· 044
第二节　勇于作为　任期有限，责任无限 ·············· 051
第三节　善于作为　目标明确　方案科学 ·············· 058
附1：万州银杏树开展积分互助养老实施办法（暂行） ······ 064
附2：爱普雷德农村互助积分养老"11411"智能模式 ······· 068

第五章　党建引领　尊知识　重人才 ·················· 076
第一节　千秋基业　人才为本 ······················ 078
第二节　感恩付出，在得失中成长 ··················· 087
第三节　打造人才平台，为万州养老积蓄力量 ·········· 089

第六章　标准化运作　个性化服务 ···················· 093
第一节　破解农村养老难　从"改"字入手 ············ 095
第二节　适老宜老　设施决定服务质量 ··············· 098
第三节　色彩与养老服务 ·························· 109

第七章　服务创新　文化暖心 ······················· 113
第一节　心理需求、心理沟通与心理支持 ·············· 115
第二节　文化养老与传统养老的不同方式 ·············· 120
第三节　银杏树文化养老现状与对策 ················· 124

主要参考文献 ··································· 133
后记 ··· 134

第一章　万州　有山有水有人文
养老养生好福地

【概述】

　　万州是座历史悠久的古城,是一座具有多元文化的名城。回眸历史,它给人们带来了心灵的震撼,记载着山河风云的变幻;透视着红色经典,记载着时光斗转星移,在激荡的革命洪流中熠熠生辉。万州是一座英雄之城。震惊中外的"九五"惨案又将人们带到英帝国主义横行时,万州全城军民奋起反击,掀起了波澜壮阔的反帝运动;萧楚女、恽代英、朱德、陈毅、刘伯承、林铁等老一辈革命家曾在此播撒革命火种;苏联飞行大队队长库里申科不远万里来到中国,抗击日本法西斯而血洒万州的事迹,是战火纷飞的抗战岁月的剪影。

　　万州也是一座光荣之城。三峡移民纪念馆回答了破解百万移民难题的艰辛历程,彰显了"舍小家、顾大家、为国家"的三峡移民精神,展示了全国对口支援库区建设的辉煌成就,是万州城市的新地标。早在抗战时期,万州接纳过沦陷区成千上万的同胞,也获得了随之而来的先进地区的文化、人才、技术、工业以及教育等资源。正因为厚重的历史文化熏染,形成了万州文化多元、开放、博大、厚重的特质,铸就了万州山美、水美、文化美及万州人重信守义、耿直豪爽、坚忍执着、尽责担当的性格。

改革开放以来,万州人抓住三峡移民大发展的机遇。新万州正在平湖两岸拔地而起;万州在凤凰涅槃中重铸历史文化名城,正蓄势待发。万州交通便捷,长江黄金水道穿境而过。万州历来就是长江十大港口之一,蓄水后,更是成为长江上游唯一的常年深水良港。加上境内的"两横两纵"的铁路骨架、"一环七射"的高速公路、"一空一港"等水、陆、空、铁立体交通网络,构筑起区域性综合交通大枢纽。

【权威金句】

☆"我们要学习和借鉴中国历史上治国理政的丰富经验。中国历史是中国人民、中华民族坚持不懈的创业史和发展史。其中既有升平之世社会发展进步的丰富经验,也有衰乱之世的深刻教训以及由乱到治的经验智慧;既有当事者对时势的分析陈述,也有后人对前人得失的评论总结。可以说,在中国的史籍书林之中,蕴涵着十分丰富的治国理政的历史经验。其中包含着许多涉及对国家、社会、民族及个人的成与败、兴与衰、安与危、正与邪、荣与辱、义与利、廉与贪等等方面的经验与教训。我们学习历史,要结合我们正在干的事业和正在做的事情,善于借鉴历史上治理国家和社会的各种有益经验。"

(习近平同志2011年9月1日在中央党校2011年秋季学期开学典礼上的讲话)

☆"不忘历史才能开辟未来,善于继承才能善于创新。优秀传统文化是一个国家、一个民族传承和发展的根本,如果丢掉了,就割断了精神命脉。我们要善于把弘扬优秀传统文化和发展现实文化有机统一起来,紧密结合起来,在继承中发展,在发展中继承。"

(习近平在纪念孔子诞辰2565周年国际学术研讨会暨国际儒学联合会第五届会员大会开幕会上的讲话)

第一节　人杰地灵话万州

万州区归重庆市管辖。万州处于北纬30°附近,中生代末期,距今8 000万~6 550万年前,燕山造山运动使巫山山脉自北而南隆起,当四川盆地还在浩瀚的海洋中沉睡时,万州已经在壮丽的大巴山脉、巫山山脉、武陵山脉的环抱之中显山露水。

公元216年东汉建安二十一年,刘备置羊渠县,为万州建县之始,曾先后有过"羊渠""鱼泉""安乡""万川""万县市""万州市"等称谓。从设羊渠县算起,至今已有1 800多年历史了。

万州古韵悠久。3 000多年前,巴人祖先在这里滨水而居、繁衍生息。早期人类起源于大江大河,而长江三峡与东非大裂谷一样,是人类起源的重要场所。科学家们在三峡地区至少寻找到5种与人类起源有密切关系的灵长类动物化石。2003年,专家在万州大周镇渣子门发掘了丰富的旧石器时代的石器,在太龙镇向坪村发现了远古人类聚落,表明万州在距今8 000多年前,就有人类在此生活。

2006年,万州启动非物质文化遗产普查保护工作,全区共普查、搜集非遗线索1 265条,重点整理建档项目178项,项目涵盖民间文学、传统音乐、传统舞蹈、传统戏剧、曲艺、传统体育游艺与杂技、传统美术、传统技艺、传统医药、民俗共 10 个大类。其中,国家级非物质文化遗产项目 2 项,市级非物质文化遗产项目 20 项,区级非物质文化遗产项目 116 项。万州有馆藏文物 23 172 件(套),其中国家一级文物 13 件(套)、二级文物 20 件(套)、三级文物 513 件(套)。另外,万州有善本古籍 80 余种共 1 000 余册。2013 年,第一次全国可移动文物普查,万州在国家可移动文物信息登录平台中已注册收藏单位 12 家,登录馆藏文物 23 972 件(套),加上社会单位收藏,万州区共有可移动文物 91 509 件套。

【权威金句】

☆"文物承载灿烂文明,传承历史文化,维系民族精神,是老祖宗留给我们的宝贵遗产,是加强社会主义精神文明建设的深厚滋养。保护文物功在当代、利在千秋。"

(习近平对文物工作作出重要指示)

第二节 长寿之都万州行

万州物华天宝,先后获得国家生态市、国家园林城市、中国长寿之乡、中国人居环境奖等称号。

万州有着得天独厚的旅游资源。铁峰山、方斗山和齐耀山三条大山脉环抱万州,孕育了国家级风景名胜区潭獐峡、国家森林公园铁峰山、全国重点文物保护单位天生城,孕育了川东竹琴、金钱板等国家级非物质文化遗产。

万州这里有滨江环湖之旅、飞瀑击流之旅、美丽乡村之旅、休闲避暑之旅、康养探险之旅等。

一、滨江环湖之旅

万州城依水而生、依山而建,一江碧水、两岸青山,形成了"城在山中、水在城中、人在山水中"的独特城市符号,滨江环湖景观成为新三峡十大旅游新景观。天生城绝壁凌空,峭立如堵,为万州"古八景"之"天城倚空",自古为兵家必争之地。天生城遗址由山顶内城、东外城及北外城三部分组成。三国时刘备伐吴曾在此屯兵,故天生城也叫天子城。据城内摩崖题刻和文献资料显示,天生城于1243年筑城,经历了南宋期间的四次增修补筑,在明末及清咸丰和光绪年间,又有三次较大规模的补筑。现存遗迹主要为宋、清时期的城址,保存着大量南宋至民国时期的寨门、寨墙、崖居、炮台、水塘、水井等防御性建筑遗存,有7处摩崖题刻(宋代6处、清代1处)、4处采石场遗址(宋代2处、清代2处),是全国重点文物保护单位。

1. 天生城 东外城元代摩崖题记《宣相杨公攻取万州之记》记录了南宋末年发生在万州的一场刀光剑影、金戈铁马的战争——天生城保卫战。这是万州历史上最为惊心动魄的一幕。南宋后期,蒙古铁骑欲打通长江航线,直取江南半壁河山,而南宋布防却杂乱无章,缺乏统一调度和联合作战,以致每阵必败。淳祐二年(1242年)六月,宋理宗以余玠赴四川主持防务,他采用播州冉氏兄弟及田、杨土司的建议,于淳祐三年(1243年),"筑天生等十余城,皆因山为垒,棋布星分,为州郡治所,屯兵聚粮为必守计……于是如臂使指,气势联络",建立起庞大的山城防御体系,万州州治亦迁于天生城上。这些山城建在天然生成的悬崖峭壁之上,山顶却舒缓宽平。忽必烈即位后,派兵进围万州,守将上官夔团结军民,奋勇抵抗,表现了崇高的气节和顽强的抵抗精神。天生城保卫战进入了最后的悲壮时期,虽然最后天生城还是彻底沦陷了,但"天生城保卫战"作为抗元战争的组成部分,在宋元战争史上占有重要地位。天生城因在山城防御体系中的特殊地位,既要与蒙古铁骑直接对阵,抗击元军的进攻,又要就近拱卫重庆、夔州,担负起后方基地的重任,因此更显得艰苦卓绝、可歌可泣。

天生城在南宋与元军的斗争中,体现了万州人坚忍不拔的意志和勇气,充满了家国情怀,彰显了万州爱国爱乡、坚韧顽强的地域文化特质,是万州厚重的文化遗产。

2. 太白岩 太白岩位于万州西山,古称西岩,得名于南北朝。唐开元十二年(724年)李白游历西山,留下了"谪仙笑乘金凤去,大醉西岩一局棋"的传说。人们只知道李白是位大诗人,却不知道李白本身就是道士。此后,西岩称为"太白岩"。"白岩仙迹"留下了太白街道、太白路、白岩路、双白路、诗仙路等标记,还衍生了驰名品牌"诗仙太白"酒。

3. 西山碑亭 西山碑位于高笋塘流杯池旁,碑文原称《黄鲁直南浦西山勒封院题记铭》,又称《西山题记》《建中碑》,是由黄庭坚撰文并书写的摩崖石刻,刻于北宋建中靖国元年(1101年)。清光绪十九年(1893年)建护碑亭一座,六角攒尖顶三层亭阁,琉璃瓦盖,砖木结构,通高15.2米,底层六边形,边长3.8米,建筑面积50平方米,用以保护碑刻。后又多次重修护碑亭。

4. 西山公园、西山钟楼、库里申科烈士墓园 西山公园是国家"3A"级旅游景区,始建于1925年,由原四川军阀杨森修建,初名"万县商埠公园"。为纪念1926年万县"九五"惨案,朱德曾亲笔题名"九五公园"。震惊中外的"九五"惨案是英帝国主义横行时,万州全城军民奋起反击而掀起的波澜壮阔的反帝运动。萧楚女、恽代英、朱德、陈毅、刘伯承、林铁等老一辈革命家都曾在此播撒革命火种。

1928年末,园内兴建西山月台,原陆军二十一军刘湘所部师长王陵基在石壁之上题"西山"二字,故更名为"西山公园",沿用至今。

园内西山钟楼是万州的标志性建筑,共12层,高50.2米,始建于1930年,融中西建筑风格于一体,端庄典雅,雄伟壮观,与上海、武汉的钟楼并列为长江三大钟楼。钟楼和园内的西山抗战遗址群均为"重庆市重点文物保护单位"。库里申科烈士陵园被命名为"第五批全国重点烈士纪念建筑物保护单位",列入第一批国家级抗战纪念设施、遗址名录。习近平总书记在俄罗斯访问演讲时,曾高度赞扬库里申科支援中国抗战。宋春丽主演的《相伴库里申科》电影讲述了一对万州母子为库里申科墓守护半个世纪的感人故事,传扬着中俄两国深厚的友谊。

5. 三峡移民纪念馆 三峡移民纪念馆建筑面积1.5万平方米,主体建筑由棱角分明的体块组成,墙面直接用现浇混凝土的自然表面作为饰面,按照三峡的自然风貌雕琢成长江边耸立的岩石,显示出最质朴的美感。三峡移民纪念馆既有展现三峡移民精神的《伟大壮举辉煌历程》,又有使游客了解从万州旧石器时期到民国时期的社会发展脉络的《万川汇流》。《盐井沟古象》展示了100万年前万州古生物群的物种演变,华南大熊猫、东方剑齿象古生物化石遗址,又用别样的方式向游客们展示着万州的亘古沧桑。新石器时代《苏和坪人的一天》场景为人们展示了当时万州人狩猎、捕鱼、劳作的生活状态,吊脚楼、独篷船又使人看到万州独特的地域文化。

6. 黄葛树长廊 "黄葛树,黄葛桠,黄葛树下就是我的家……"有黄葛树的地方,就有家;有家的地方,就有温暖。在万州北滨路上,如伞如盖的黄葛树,郁郁葱葱,成为万州一道独特的风景线,那是人们记忆中永远割不断抹不去的黄葛树。黄葛树景观带不仅是万州人休闲娱乐的地方,也是许多万州人回味乡愁和祈福许愿的地方。在黄葛树下,每天都留下了旅游观光的身影,经常有移民来看望黄葛树。游子访寻、牵挂的是黄葛树,也是故乡家园,更是一份悠悠乡愁。

7. 三生有幸广场　三生有幸广场与西山钟楼隔江遥望,面积约1.5万平方米。"隔岸相对目传情,三生有幸遇到君。"广场内标志性建筑是"三生石",是青年男女"缘定三生"的见证之地,有情人可在此处转石。说到"三生石",自然联想到《三生有幸》的典故:唐人李源与僧人圆泽同游三峡,圆泽在万州投胎转世;李源千里赴约,与再生的圆泽相会于杭州。前世、今生的缘,今生、来世的爱。"三生石"的故事,激发了曹雪芹的灵感,写就了史诗般的文学巨著《红楼梦》。

8. 南浦剧场　这里就是万州"三峡曲艺周周演"的阵地。中国戏剧"万州现象"是万州文化的一张闪光名片。万州戏剧的溢彩流芳得益于川剧、三峡曲艺等地域传统文化的丰厚滋养。三峡曲艺,是三峡人民在漫长的历史沉淀中形成的文化珍宝,南浦剧场"三峡曲艺周周演"是由区文化局扶持、三峡曲艺保护传承中心实施的惠民演出,成了老百姓休闲消遣的好去处。每周五、周六晚在此连演两场,免费对外开放。《华子良智勇出虎口》《双枪老太婆》等家喻户晓的故事通过川东竹琴、金钱板、四川清音等带有三峡地域特色的艺术表现形式,原汁原味地展现了传统巴渝文化和非物质文化遗产的魅力。如今,南浦剧场已成为地方非遗和地方曲艺的集中展示地,升华了万州的城市文化格调与精神内涵!

9. 万州夜景 享受了听觉的盛宴,当人们登上"环湖明珠"号游船游览"平湖万州",静看万州城市夜景,更不同于白天的秀美。登上"环湖明珠"号游船游览"平湖万州"城市夜景。夜幕下的万州城,各型彩灯相继"开放",滨江环湖周围,星罗棋布点缀的彩灯,闪烁着耀眼多彩的光芒,热情欢迎来自五湖四海的朋友。万州长江大桥和长江二桥,如同江面上游弋着的两条巨龙,挂着的华丽彩灯,是巨龙身上那五彩的鳞。桥上行驶着川流不息的汽车,明亮的车灯连成一线,像滚滚流淌的光河。夜色渐浓,喧嚣退去,静谧祥和成了主调,夜空中繁星闪烁,和散落两岸的灯火一起倒映在波澜不惊的江面,微微江风拂面而过,沁人心脾,江面的星星点点也欢快地跳动起来,让人如痴如醉。

二、飞瀑击流之旅

"飞流直下三千尺,疑是银河落九天。"万州大瀑布水如白练,声若巨雷。在青山绿水间,寄一缕闲愁于竹筏之上,与天外飞瀑做伴,浑然忘我。新月湾景区毗邻大瀑布群,温婉的景致和豪迈的气势相辅相成、相得益彰。

1. 万州大瀑布群旅游景区 万州大瀑布群旅游景区位于甘宁镇,现为国家"4A"级旅游景区,正在创建"5A"级旅游景区。核心景点万州大瀑布宽151米、高64.5米,面积9 739.5平方米,是亚洲瀑布面积最大的单挂瀑布,被誉为"亚洲第一瀑",奇伟壮阔,蔚为壮观。景区内体验360°观瀑,体验风驰电掣的丛林飞车,踏步蜿蜒惊险的天风栈道。乘竹筏与瀑布来个亲密接触,登陆安古桥感受历史沧桑,瞻仰东吴第一猛将(有人说是孙策或太史慈,有人说是陈武,也有人说是甘宁)的英姿,破解神秘诗刻的玄谜,在梵音袅袅的观音古洞祈福,饮一口不老泉的神奇泉水,品尝太白楼的特色美食。晴天能赏瀑间彩虹,雨天同沐瀑布水雾与缠绵雨丝。

2. 新月湾景区　景区坐落于滨江生态鱼米之乡、城郊养心风情小镇,"重庆最美宜居小镇"——瀼渡镇。传说,"獽"魂化白虎、身化石人,瀼渡便成为古代巴人"獽"部落的活动中心,獽人曾和武陵板楯蛮一样,以作战勇猛而闻名。1944年,中国第一代水利专家张光斗,在瀼渡建成了他回国后的第一座水利发电厂,70多年来运行如常。三峡百万大移民中,瀼渡镇被誉为"移民全迁第一镇"。

3. 西游洞　西游洞位于万州区新田镇盐井社区,是国家"3A"级旅游景区。西游洞景区有三大景观:古生物化石——东方剑齿象、剑齿虎、犀牛、华南大熊猫等(被命名为"盐井沟古生动物群"),清光绪皇帝笔题匾《功宣朐忍》,以及洞内高近30米的定海神针——金箍棒(称为天下一柱)。西游洞景区是溶洞景观,它经历亿万年的凝聚,溶世间万物之形,聚大自然亿万年自然瑰宝,与《西游记》有机融合,给人们带来别开生面的体验。

三、美丽乡村之旅

如果说万州城市是一个时尚摩登的都市美女,那么万州的乡村则是清新质朴、出淤泥而不染的豆蔻少女。在这里,可以亲身体会到人与大自然的零距离接触,在大自然的环境中调节身心、释放自我、感受人与自然的和谐。让我们一起揭开万州美丽乡村的神秘面纱。

1. 无花果基地生态园景区　景区位于万州区钟鼓楼街道大团村,枇杷坪后都历山上,紧邻城区,交通便利。园区占地面积2 230亩,是集农业观光、农副产品加工、乡村旅游为一体的生态休闲旅游景区,以无花果产业为主导,配以樱花、牡丹、梅花、蜡梅等花园及樱桃、李子、枇杷等水果园。先后被评为"中国乡村旅游金牌农家乐""重庆市市级休闲农业与乡村旅游示范点","重庆市四星级农家乐",2017年被万州区科协正式命名为"科普教育基地",目前正在布局寓教于乐的"中小学生研学旅行基地"。

2. 同鑫蔬菜大观园　"梦中仙景、最美甘宁,天降甘霖、人享安宁!"甘宁镇的同鑫蔬菜大观园景区,是一个集"生产、观光、休闲、体验、科普、美食、养生"于一体的现代农业示范园。园区占地1 000多亩,建有蔬菜博览馆、特色蔬果采摘园、爱情主题公园、儿童主题公园、露地花海、瓜果长廊、植物迷宫、同鑫湖、荷花池、绿色休闲走廊、阳光餐厅等一系列景点及观光、休闲、游乐等设施,是国家"3A"级风景区、重庆市级现代农业园、重庆市十佳科普基地、乡村旅游示范点。大观园以"绿色、生态、安全、健康"为主题,为生活在喧嚣都市中的人们提供一方净土,成为一个亲近自然、体验和谐美丽乡村生活的游乐场所。

3. 石桥水乡　位于江湾风情小镇中的石桥水乡占地2 500亩,以"水韵石桥·四季花海"为主题,打造集生态农业、观光花卉、休闲度假、拓展娱乐、科普实践为一体的原生态湿地保护观光公园,是国家"3A"级旅游景区。

4. 欢乐黄金谷　欢乐黄金谷景区占地2 000余亩,谷内生态资源丰富,因常年金色野花烂漫、鸟语花香而得名"欢乐黄金谷"。这里树林葱郁、水波微澜、四季景象变化万千,好似一幅水墨山村的清晰画卷缓缓展开。景区有滴翠荷塘、湿地湖泊、峡谷水域、鸳鸯湖、天鹅湖、爱情海、水帘洞天、舞彩池、依恋廊等景点。

5. 七星谷生态旅游度假区　美丽的七星谷,位于万州区高梁镇香良村境内,景区占地面积3 160亩,因山形地势酷似天上北斗七星而得名,距万州主城15千米。

景区钟灵毓秀、峰峦雄峻,盛夏林莽听鸟音,金秋长波望碧云,宛若人间仙境。由牯牛背、滴水岩、高峰寨与织女溪构成的奇特景观,其历史文化底蕴与自然景观交相辉映。明清时期的寨堡、寺庙、老油坊等遗址,饱含深沉感人的逸闻趣事,形成"古今融一境"的美丽画卷。七星谷生态旅游度假区分三期建成,一期项目已于2017年5月开园,已开放龙门口峡谷、合欢亭、七星花谷、农耕博物馆等景点,还有滑草、滑索、水上娱乐、真人CS等娱乐项目,配套修建了游客中心、多功能会议厅、民宿客栈等各类用房。

6. 池海湿地公园 池海湿地公园位于万州西部边陲弹子镇,处于万州、开州、开江、梁平川渝四区县交界处,占地4平方千米,围绕长池水库放射状分布的荷塘水池,层层叠叠蔚为大观而得名池海。景区内茂林修竹、长亭水榭,拥有湿地百公顷,海拔高约700米,属非典型的深丘地貌,山水特征鲜明,人文景观丰富。池海正打造以国家级湿地公园为主打产品,生态农业为主导产业的国家"4A"级旅游景区。传闻李白路经三峡时听闻万县后山能远眺蜀东四县,池海山梁有樵夫日暮沽酒,绝粒不食,颇有仙人气。遂访池海,却遇大雾。因访樵无果,于山崖题壁《访樵人不遇》:"负薪朝出卖,沽酒日西归。借问家何处,穿云入翠微。"池海围绕水库天然形成了九湾多景。水奇灵、山奇神、花奇艳、果奇美,俨然人间世外桃源。环湖路绕,湖汊环列,一湾一景,一步一景。池海拥有极丰富的鸟类资源和鱼类资源,在金龙岛和神龟岛上,不仅可以欣赏到百鸟唱合、野鸭戏水,还可以分享到山民唱答、樵人渔歌。除了游山观水,在池海湖畔还可以品茶、一饱鱼宴口福。

7. 凤凰茶乡 太安镇凤凰村是中国美丽田园、最美休闲乡村、全国特色景观旅游名村,村里的两座古建筑丁家楼子、司南祠各具特色。在凤凰山麓之巅,还有千沟万壑茶岭翠绿、千层梯田碧波万顷、千亩花海锦绣壮观的景区——凤凰花果山。

8. 司南祠　司南祠又称丁氏宗祠,与丁家楼子遥相呼应,始建于清道光丙午年(1846年),为重庆市级文物保护单位。司南祠坐落在凤凰山脉九凤山顶部,地势险要,层层设防。祠堂寨墙、寨门、四合院、碑刻、水井等设施保存完好,寨内古藤修竹,松柏密布,清幽古香。司南祠建筑考究,外墙由条石砌成,"司南祠"牌匾精雕细刻,飞檐走壁,雕栏玉砌,气势恢宏,令人叹为观止。

9. 凤凰花果山　凤凰花果山海拔约1 000米,富含负氧离子,夏季平均气温22.5 ℃,是一块难得的康养之地。它以"自然、秀美、野趣、宁静"为主题,是集"观光旅游、休闲度假、拓展野营、农耕体验、果茶采摘"等功能于一体的乡村生态景区。

10. 良公祠　良公祠占地面积约3 500平方米,房屋面积2 000余平方米,是三峡地区古民居建筑之经典。始建于清代嘉庆初年,至嘉庆七年竣工,历时七年,共耗银3 000余两。建筑为回廊式四合院,有五个天井、三座院落,是重庆市级文物保护单位、万州区首家民俗博物馆。

【延伸阅读】

万州古道。万州自古水陆交通发达,唐宋时期,形成了四通八达的水陆交通网络,成为川、鄂、陕、湘、黔、渝边区的交通枢纽。南宋范成大《吴船录》为证:"然沿江入蜀者,至此即舍舟而徒,不两旬可至成都,舟行即须十旬。"

万州古道分为东大路(至云阳)、南大路(至利川)、西大路(经梁平至成都)、北大路(经开州至汉中)、中大路(经忠县至重庆)、西北大路(至开江、达州及陕西）。现多数古道已损毁，幸存的都深藏在高山密林之中，逐步演变为游客步行览胜、健康旅游的圣地。

万梁古道孙家段：古驿道，西起梁平城，过李家坝、蓼叶河，在响鼓岭进入万州境，经亭子垭、孙家槽、分水驿、三正铺、佛寺铺、高梁铺，抵万州城。现孙家至分水段山间长10余千米，宽约2米的古道保存完好，由青石板铺成。沿途水果种类繁多，尤以清脆李、葡萄享誉四周。

万达古道后山段：起于西大路（万梁古道）上的李河镇七里村断石桥，抵后山镇达30多千米，是当时前往达州及陕西的重要商道和官盐道。如今，驾车至李河镇高升场武江军工厂旧址（或经高梁镇贝壳山庄）停车步行品鉴，沿途经千口岩、蛤蟆石古碉楼、一只靴奇石、桥亭子古街、康家坝、天缘古桥、天顺古桥、新场古街……古道沿途古迹多，风景美，有山有水有故事。

茶马古道万州段：茶马古道系古代川鄂地区重要的交通要道，因大多系马帮用马匹运载盐巴、茶叶、丝绸、桐油等物资，故名。主干道由万州渡江，经五桥、长滩、赶场、龙驹、谋道，抵达利川；次干道经五桥、溪口、走马、罗田、谋道，抵达利川。现长滩、走马、罗田等地的茶马古道保存完好，静静地藏在大山深处茂密的森林和蓝天白云之间，吸引着各地游客，体验欣赏其原始古朴之美！

四、休闲避暑之旅

炎炎夏日，酷暑难耐之时，人们总想择一两处凉爽舒适、滋润清新之地，享受不一样的凉爽惬意。铁峰山、茨竹乡、恒合土家族乡等地则是闹市之外不可多得的清幽之地。

1. 铁峰山国家森林公园 铁峰山国家森林公园距万州主城区17千米，跨万州、开州两界，交通便利，紧邻高峡平湖旅游度假区。海拔最高处为

1 355 米,园内森林面积 9 100 公顷。丰富的森林景观资源形成了林木清秀美丽的特点,公园内山势绵延,岩陡壑深,奇峰耸翠,云烟飘浮,山泉甘冽,林木繁茂。树种以马尾松、湿地松、楠竹等为主,森林景观的色彩富于季节变化。集雄、险、奇、峻、美于一体的山峰,悬崖峭壁,气势磅礴。公园年平均气温 15℃,无霜期 240 天。夏为无暑清凉的避暑胜地,冬为踏雪林海的赏雪佳境,公园内有丰富的森林资源及天、地、水、人文等景观。主要有电视塔、画阁岭、亭阁、梅花园、茶园、苗圃、养鹿场(遗址)等景点。养儿窝、洗面石、狮子石等景观历史悠久,民间传说源远流长,构成了重要的风景旅游线。而在这里最有名的还数那凤仪禅院,乃渝东名刹、著名的佛教圣地。

2. 罗田古镇 川鄂古道上著名的枕梦驿站罗田古镇。罗田古镇田园风光独特,有秀丽优美的百丈沟、神奇独特"似桃源"等自然景观,万亩错落有致的梯田像一幅美妙的画卷。境内历史文物古迹丰富,金黄甲大院、普济桥是重庆市级文物保护单位,字库塔、用坪墓群是区级文物保护单位。面积 3 000 多亩的大小二寨与波光粼粼的枫香坪水库连为一体,是避暑乘凉、休闲度假、浪漫垂钓的好地方。

3. 恒合土家风情小镇 恒合土家族乡是重庆特色景观旅游名镇之一,全乡森林覆盖率 61%,境内平均海拔 1 200 米,气候宜人,春可踏青、夏可避暑、秋可观叶、冬可赏雪,是休闲疗养的天然氧吧。

4. 茨竹养生小镇 茨竹乡"离城近、海拔高、景观多、空气好、配套齐",是近郊休闲避暑、养生养老的乡村旅游胜地。海拔 1 000 米,年平均气温 15 ℃,日均气温比万州城低 6~8 ℃,全年宜居期达 6 个月,是近郊候鸟式养生养老福地。茨竹乡独特的喀斯特地貌形成了林、洞、峡等丰富旅游资源,有仙狮洞、神鹰石、小天坑、玫林石海等特色景点。5万余亩的碧绿苍松和古柏群营造出了舒适、优美的生态环境。

五、康养探险之旅

站在"植物王国"王二包原始森林之巅,可以远眺潭獐峡的峻岭深潭、流泉飞瀑,憧憬中华易温泉的神秘与温暖。人们在穿越完惊险神奇的潭獐峡之后,常到中华易温泉美美地享受一番易经盐疗的惬意。

1. 中华易温泉 明代易学大师来之德,曾在长滩河畔建演易台,潜心推演研究《易经》,历时二十九年,写成专著《周易集注》,被朝廷封为"翰林院待诏",这个村由此得名"演易村"。中华易温泉正是依托特有的人文资源,以易文化为基础、温泉水为载体、盐浴为特色,集主题温泉、水上游乐、文化体验、森林休闲、生态养生、温泉康疗为一体的多功能、复合型的温泉旅游综合体,为中华《易经》养生第一泉。景区按照国家"5A"级旅游景区标准打造,是新三峡集游乐、观光、度假、疗养、旅游功能于一体的旅游目的地。温泉水取自地下1 988米,出水温度51.5 ℃,日出水量达2 400立方米。泉水中富含氯化钠、硫化氢、偏硼酸、锶、溴、氟等多种矿物质,能抗衰老、促进新陈代谢。品文化、调阴阳,让人与自然相融达到天人合一之境。

2. 潭獐峡 潭獐峡是原生态大峡谷,是国家级风景名胜区,面积80平方千米,峡谷长21千米,峡谷溪流自西向东流入泥溪河,流经云阳后汇入长江,属喀斯特地貌峡谷。峡谷两侧奇石密布,山峰笔直,层峦叠嶂,深潭浅滩、激流冲浪,春夏鸟语花香、秋冬半山红叶,野獐飞禽最为博人眼球,潭獐峡的名字便由此而来。这是罕有的原生态景观,是重庆目前保存最完好的原始大峡谷,兼具"小三峡"之幽秀、"天坑地缝"之神奇。最出名的要数"一线天"景观,全程 2 000 多米,最窄处不足 1.5 米。正午时七色彩虹、霞光万道叫人心旷神怡,不知身处人间还是仙境,更有悬崖茅舍、知青土房、战争遗恨等传奇故事跌宕起伏,让人不禁为故事中的人物扼腕叹息或赞叹连连。在这里除了能亲眼见到潭獐峡之奇,还能来场极限挑战,如急速漂流、溯溪、探洞、蹦极、攀岩等极限项目,亲身体验潭獐峡之险奇与神幽。体验了"侠骨"再带给你"柔情",在璀璨的星空之下,人们载歌载舞来场盛大的篝火晚会,融入土家族、苗族的民俗风情之中。

第二章　万州人口老龄化现状与特点

【概述】

重庆市万州区早在20世纪90年代初就已进入了老龄化社会。按照万州区公布的第七次全国人口普查数据来看,全区共有常住人口156.44万人,其中60岁及以上人口37.44万人,人口老龄化率为23.93%,高于第六次全国人口普查6.22个百分点,高于重庆全市2.06个百分点,高于当前全国老龄化比率5.23个百分点,人口老龄化程度进一步加深,总体表现为老年人口基数大、比例高、增速快、高龄多的特点。

万州养老服务发展思路,重点归纳为七句话:公益兜牢底线;普惠主导发展;社区居家优先;医养康养跟进;补齐农村短板;壮大人才队伍;政府监管到位。

在农村,将敬老院公建民营改革工作纳入深化改革任务,确定引进南京银杏树养老服务有限公司等养老服务企业,委托打包运营32家敬老院,在运营主体、运营方式、服务内容、人员管理等方面改革优化,探寻专业化、品牌化养老破题钥匙,激发特困人员供养机构活力,提升管理服务水平,提高特困老人生活质量。在城区,主要以民建公助为主,按照规模化、品牌化、连锁化、专业化发展思路,积极引入全国连锁化品牌养老企业为养老服务运营主体,实现"机构、社区、居家三级联动,服务进社区到家庭全覆盖"。加大制度创新、政策供给、财政投入力度,健全完善老龄工作体系,强化基层力量配备,加快健全社会保障体系、养老服务体系、健康支撑体系。

第一节 人口老龄化 关键在农村

未富先老——即我国的农村人口老龄化是在经济薄弱的基础上推进的。改革开放以来,我国经济总量实现了跨越式发展,GDP位居世界第二,但我国人均居民收入水平与发达国家仍存在一定差距,我国依然是世界上最大的发展中国家。截至2020年,我国的人均GDP有所提高,但人口老龄化的速度也在迅速提升,居世界第10位,与我国老龄化水平接近的国家,除俄罗斯外,均为发达国家。这些国家2018年的人均GDP大多在4万美元以上,其中美国超过了6万美元,最高的甚至超过了11万美元。我国经济总体水平相比世界其他同等老龄化程度的国家而言差距还较大。同时,与城市的经济发展水平相比,农村的经济基础更为薄弱,而农村人口老龄化速度相比城镇来说更快,更加加剧了农村人口老龄化的进程与经济发展水平之间不协调的矛盾。这种"未富先老"的情况给我国带来了负担,也给农村养老保障制度的建立和发展带来了巨大的挑战。

人口老龄化是指在一定时期内一个国家或地区的老龄人口比重不断上升的状态。这一概念的核心要素有两个:一是老龄人口;二是比重。我国将

60岁以上的人口界定为老龄人口,《中华人民共和国老年人权益保障法》里就明确规定,老年人是指"六十周岁以上的公民"。另外根据联合国的划分,老龄化社会指的是一个国家60岁及以上人口比例超过10%或者65岁及以上人口比例超过7%。

20世纪末以来,我国就已进入老龄化社会,老年人口数量逐年增加,所占比例也持续增长。我国第七次全国人口普查结果显示,2020年全国60岁及以上人口为2.64亿人,占总人口数的18.7%,其中65岁及以上人口为1.9亿人,占总人口数的13.5%,分别比2010年第六次全国人口普查时增加了5.44个百分点和4.63个百分点。由此可见,我国人口老龄化程度进一步加深,是社会发展的重要趋势,也是今后较长一段时期我国的基本国情。因此,党的十九届五中全会指出,要"实施积极应对人口老龄化国家战略",把应对人口老龄化作为当前和今后一个时期关系全局的重大战略任务进行统筹谋划、系统施策。

积极应对人口老龄化,关键是农村,突出短板也在农村。2020年我国60岁及以上乡村常住人口比重和65岁及以上乡村常住人口比重分别为23.81%和17.72%,比2001年分别增加了12.52个百分点和9.92个百分点。与此同时,由于农村老年人远离大众视野、缺乏舆论影响力,农村老龄化问题并未引起社会普遍关注,但其实农村老龄化程度更胜于城市,由此引起的社会问题也更值得关注。

【延伸阅读】

农村人口老龄化产生的最主要因素在于农村人力资本的流失,即农村劳动力的转移。由于我国农村人多地少的矛盾、农业生产比较利益偏低,以及社会资本的导向,使得农村大量青壮年劳动力为了寻求更好的发展而纷纷离开家乡涌入城市,成为农民工。以川渝地区为例,四川是农民工输出大省,且农民工总量长期保持增势。据国家统计局四川调查总队数据,除2020年受新冠病毒感染疫情影响农民工数量有所下降外,"十三五"期间四川农民工数量稳步增长,2019年四川农民工数量达到2166万人,约占2020全省常住人口总量的四分之一。农民工输出以青壮年为主,以男性居多,导致农村产生了大量留守妇女、儿童和老人。这种大规模的人口迁移,降低了城市老年人口比重,更加重了农村人口老龄化的程度。

第二节 万州农村老年人口现状

万州是重庆市辖区,从重庆市来看,老龄化主要呈现以下特点:一是全面进入人口中度老龄化和超老龄型社会阶段并有快速发展之势。预计到2025年60岁以上户籍老年人口数将增长到837万人,年均增长19.3万人,老龄化率达到23.9%。二是高龄失能老人占比将快速提高。首批独生子女父母将进入高龄阶段,到2025年失能半失能老人将达66万人,一波巨大的照护浪潮即将来临。三是老年社会抚养比率进一步提高。到2025年重庆市65岁以上老年社会抚养比率将达28%,近3.5个劳动力抚养1位老年人,社会养老服务将进一步加重。

万州区辖12个乡、29个镇、11个街道。从万州正式公布全区的第七次全国人口普查数据,截至2020年底,万州全区常住人口为1 564 449人,比2010年的"六普"时增加了1 399人。而城区人口也正式超过100万人以上。按性别看,男性常住人口为 781 842 人,占 49.98%;女性常住人口为 782 607 人,占 50.02%。按受文化程度看:拥有大学文化程度的人口为 202 626 人;拥有高中文化程度的人口为 244 022 人,拥有初中文化程度的人口为 504 889 人,拥有小学文化程度的人口为 508 339 人,文盲人口为 17 756 人。按城镇化率看,城镇化率为 68.92%;另外,和"六普"数据相比,城镇常住人口增加 218 487 人,乡村常住人口减少 217 088 人。按年龄看:0~14 岁人口为 218 344 人,15~59 岁人口为 971 662 人,60 岁及以上人口为 374 443 人;其中,65 岁及以上人口为 295 519 人,占比 18.99%,人口老龄化严重。按照国际标准,社会人群中 60 岁以上人口占总人口的比例达到 10%,或 65 岁以上人口占比达到 7%,即为老龄化社会;65 岁以上人口比例达到 14%,为深度老龄化社会;达到 20% 为超级老龄化社会。

第三节 万州养老服务如何做

2021 年 6 月 20 日,万州区民政局接待南京市社会福利服务协会代表一行,局主要领导代表万州区委、区政府就万州养老事业发展现状及趋势作了精彩演讲,主要有以下几点:

第一,养老服务工作是离群众最近的民生工作,责任重大。2021 年,我国 60 岁及以上老年人口占比达到 18.9%,接近 20% 的中度老龄化阶段,特别需要指出的是,目前我国 60 岁以上失能半失能老年人约有 4 400 万人,60 岁以下重度残疾人员 950 万人,这些需要社会和家庭照护的群体达到 5 350 万人,对社会化养老提出了紧迫需求。就万州而言,失能半失能老人也有 10 957 人,所以说,积极应对人口老龄化问题关系共同富裕目标的实现,是人民群众美好生活需要的重要组成部分,是最现实、最紧迫、最突出的民生问题。

【权威金句】

☆ 党中央、国务院高度重视老龄工作。习近平总书记对老龄工作作出一系列重要指示批示,指出积极应对人口老龄化,事关国家发展和民生福祉,是实现经济高质量发展、维护国家安全和社会稳定的重要举措,强调各级党委和政府要高度重视并切实做好老龄工作,贯彻落实积极应对人口老龄化国家战略,把积极老龄观、健康老龄化理念融入经济社会发展全过程,加大制度创新、政策供给、财政投入力度,健全完善老龄工作体系,强化基层力量配备,加快健全社会保障体系、养老服务体系、健康支撑体系。

(《国务院关于加强和推进老龄工作进展情况报告提请审议》)

第二,养老服务工作极其紧迫,必须有时间进度要求。今后一段时期我国老龄化程度将快速上升,60岁及以上老年人口占比到2035年将超过30%,达到重度老龄化阶段。而且更重要的是,执行独生子女政策的人口即将进入60岁阶段,这一特殊国情意味着相当多的老年人靠家庭养老已经不现实了。从另一个角度看,随着预期寿命的不断延长,老年人口的比重越来越大、年龄越来越老,单靠子女照顾,要么力不从心,要么照顾质量不高,必须发展专业化的养老服务。因此,无论是需要和可能,无论是质量和水平,发展养老服务都到了一个非常紧迫的阶段。家家都有老,人人都会老,做好养老服务工作,就是服务每一个人自己的家庭,要有责任感、紧迫感,要做好这项工作。

第三,做好"养老服务"工作,关键是抓落实。近几年万州也开展了大量卓有成效的探索,但总体上工作进展难以适应人口老龄化的新形势,在落实层面面临很多困难和问题。

近年来,为深入贯彻落实习近平总书记关于"居家为基础、社区为依托、机构为补充、医养相结合"的养老服务体系建设的重要指示精神,以及重庆市委、市政府保障改善民生及"补短板、强弱项、提质量"的决策部署,万州区紧紧围绕"9073"养老服务目标,突出抓好政策资金保障、设施改造升级、养老服务体系完善、养老服务模式创新等重点工作,保障基本、多元推进、创新机制、统筹发展,深入推进养老服务业持续健康发展。全区现有养老床位13 127张。其中:公办福利机构2家、敬老院32家,床位2 476张;民办养老机构35家,床位4 826张;街道养老服务中心10个、乡镇养老服务中心11个、社区养老服务站189个、村级互助养老点113个、农村幸福院126个、"五保"家园93个,床位5 825张。

在城区,主要以民建公助为主,按照规模化、品牌化、连锁化、专业化发展思路,积极引入全国连锁化品牌养老企业为养老服务运营主体,实现"机构、社区、居家三级联动,服务进社区到家庭全覆盖"。鼓励大型养老机构辐射带动周边街道社区养老服务中心,采取"中心带站"运营模式,由街道养老服务中心整合运营辖区所有社区养老服务站,或根据辐射范围,托管运营周边10个左右社区养老服务站,为更多的居家老人提供助医、助餐、助浴、助洁、助急等上门服务。

在农村,将敬老院公建民营改革工作纳入深化改革任务,确定引进南京银杏树养老服务有限公司等养老服务企业,委托打包运营28家敬老院,在运营主体、运营方式、服务内容、人员管理等方面改革优化,探寻专业化、品牌化养老破题钥匙,激发特困人员供养机构活力,提升管理服务水平,提高特困老人生活质量。同时,在保障特困托底对象入住的前提下,运营方可用闲置床位收住农村失能或高龄社会老人,并确定合理的收费标准,解决部分农村高龄、失能社会老人的养老问题,为农村老人提供优质化、专业化、个性化、便利化、有温度的养老服务。

2020年8月31日,民政部和国家发改委已将万州区敬老院公建民营改革工作作为全国公办养老机构改革的优秀案例。改革经验被国家发改委主管的《改革内参》(综合)2021年第5期(总第1655期)全文采用刊载。

第四,万州养老服务业发展面临的问题。一是从设施资源供给上看,总量不足和结构不平衡并存。首先是供给不足,需要社会和家庭照护的高龄失能老人达到6万人,但万州区养老床位仅1万余张。同时城市与农村养老服务差距较大,居家社区服务短缺,护理型床位明显少于自理型床位,不能满足老年人长期护理和康复照料需求。由于养老服务业投资大、回收慢、用工难等问题,导致社会市场参与度不高。受疫情及经济下行等因素的影响,公共投入及群众的消费拉动都不够。当前万州区养老服务队伍普遍存在年龄老化、文化程度低、待遇不高的现状,且从事养老行业的医生、护士、营养师、康复师、心理咨询师、社会工作师等专业人才更是匮乏,养老服务机构"招人难、用人难、留人难"等问题较为突出。

【延伸阅读】

万州养老服务"十四五"发展思路:养老服务工作很重要,具体如何落实?重点归纳为七句话:公益兜牢底线;普惠主导发展;社区居家优先;医养康养跟进;补齐农村短板;壮大人才队伍;政府监管到位。

1. 公益兜牢底线 就是落实政府在养老方面保基本的公益性职能,政府保障的这一部分特殊群体要保障好,万州区特别强调三句话:"床位要足够,机制要长效,农村要重视"。"床位要足够"是兜好底线的基本要求。机制要长效就是要建立既实用又可持续的制度。如:建立特殊困难老年人定期探访制度、农村留守老年人关爱服务制度,完善政府购买居家养老服务制度,为特困供养、低保、低收入等困难老年人提供兜底性长期照护服务保障制度等。"农村要重视",就是在兜底线中要特别重视农村养老。"子女带不动,自己不愿出,公益进不去"成为农村养老的突出问题。子女带不动,是子女没有能力把老人带到城里去;老人不愿出,是子女有能力有意愿带老人进城,但老人自身不愿意离开农村;公益进不去,是不属于重点保障对象的农村老年群体无法享受到公益性养老服务。因此要把帮助农村老年人解决基本生活问题当做紧迫和重大的责任,采取一系列措施尽快解决农村养老目前最困难的问题。

2. 普惠主导发展 需要政府兜底保障之外的老年人养老问题,政府不可能大包大揽,要通过市场化方式解决,当前养老床位利用率低的根本原因是服务质量和收费之间不匹配,供给和需求之间不匹配。要解决广大人民群众,特别是低收入群众养老的问题,就是要发展普惠养老。普惠养老的内涵,具体可归纳为:价格可负担,质量有保障,运行可持续。深入推进普惠性养老服务改革试点,实施普惠养老城企联动专项行动,综合运用各种支持政策,建立支持普惠服务发展的政策清单,引导各类主体积极参与,不断增加有效供给,为广大中等收入家庭提供价格适中、方便可及、质量可靠的普惠性养老服务。同时,也要积极发展社会化养老机构。政府要加强营商环境建设,加大对市场化养老机构的支持,加强标准引导和行业监管,通过这些措施促进市场化养老机构服务提升。形成公益性养老、普惠养老、市场化养老相结合,能够满足多元化、多层次需求的养老体系。其中,公益性养老是基础,保基本;普惠性养老是主体，要发挥主导作用；市场化养老是补充，要充分创造条件促进发展。到2025年万州区养老床位预计将达1.5万张，政府运营床位不超过40%，护理型床位达60%以上。同时，全区普惠养老服务机构平均床位费用不高于当年城镇职工可支配收入的150%，普惠养老不高于同等情况市场化养老价格的80%。

3. 社区居家优先 万州区所说的"9073"，是指90%的养老都是居家养老。眼下我国绝大多数老年人仍是以社区为依托、居家养老为主，万州区讲的社区居家优先是指无论是公益性养老、普惠养老，还是市场化养老，都要体现社区居家优先的原则。具体来说，就是按照"街道、乡镇建养老服务中心，社区建养老服务站，村建互助养老点"要求，推进城乡社区居家养老服务设施建设，依托全市智慧养老大数据信息平台，健全监督管理体系，完善普惠性基本公共养老服务政策，优先满足高龄、失能、特殊困难等老年人基本养老服务需求，为社区居家老年人提供生活照料、托养护理、医疗康复、文化娱乐、精神慰藉等服务供给，做到让老年人在熟悉的环境中生活、在亲情的陪伴下养老。

4. 医养康养跟进 随着人均预期寿命的不断延长，老年人的健康生活必须以医疗服务为支撑，对老年人来说，医养结合愈发重要，因此要鼓励地方开展各种积极探索，鼓励医中有养、养中有医、医养签约，发展各种规范化的医养结合服务。推动养老机构配备医务室、护理站等，鼓励养老机构和就近医保定点医疗机构开展协议合作；养老机构内部设置诊所、卫生所（室）、医务室、护理站的，达到相应类别医疗机构设置标准，取消行政审批，实行备案管理；养老机构申请举办二级及以下医疗机构，设置审批与执业登记"两证合一"，符合条件的按规定纳入医保协议管理范围。发挥医疗机构优势向养老服务延伸。引导医疗机构利用闲置资产加强老年病科建设，增设老年病床，争取"十四五"时期推动建设老年病专科医院、护理院等医养结合项目。鼓励社区卫生服务中心(站)开展社区居家医疗康复服务,到2025年,城乡医养结合服务能力达100%。健全临终关怀服务体系,推动实现城区医疗机构和街道社区卫生服务中心安宁服务等全覆盖,引导和鼓励社会力量开办临终关怀、安宁机构,完善安宁疗护合理转接机制,尽可能减轻临终患者身体与精神的痛苦。推动长期照护保险由现有的职工医保向居民医保扩面,解决老年人长期照护的需求。

5. 补齐农村养老短板　通过支持和规范,引导乡镇敬老院公建民营改革走深走实。积极争取中央资金实施农村特困人员集中供养服务设施建设,大力提升农村医疗卫生服务能力和质量,推进村级互助养老服务网点建设,为养老服务站、互助养老服务点等养老服务设施购买公益性岗位,依托农村基层组织健全养老志愿服务队伍,建立农村空巢、留守老年人定期探访制度,争取到2025年,基本形成布局科学、配置均衡、服务完善的农村养老服务保障网络,有意愿入住的特困老人全部实现集中供养,农村养老机构基本具备失能老年人照护服务的设施条件,具有医养结合、社区日间照料和上门服务功能。

6. 壮大人才队伍　推动将养老从业人员列入紧缺急需岗位,鼓励在万州高职院校开设养老服务与管理专业,加快培养相关专业人才,对设立相关专业并符合条件的院校,给予一定奖励。常态化开展养老服务人才技能培训,将护理员纳入全区职业技能提升行动计划,依托在万高校、养老服务机构,开展岗前培训、技能培训、家庭照护培训、安全防范、心理健康等技能培训,符合条件的可享受职业培训补贴,试点探索养老机构定向培训机制。到2025年培育养老机构院长100名、管理人员200名、护理员300名,养老服务人员岗前培训率达100%,养老服务人员持证上岗率达90%以上,实现每千名老年人拥有1名社会工作者。

7. 政府监管到位 老年群体属于相对弱势群体,政府对这类群体相关的服务质量监管责无旁贷。近年来这方面出了不少问题,比较突出的是养老机构"跑路"问题,这些违法机构抢的是老年人的"保命钱";有些项目打着养老机构的名义搞房地产开发,变相卖房;还有一些养老机构服务质量低下,这些都严重影响了民众对养老行业的看法与信心。

对养老机构,特别是市场化和普惠养老的监管,已经成为发展养老服务过程当中各级政府一项重要职责。万州区认为主要抓好以下三点:一是要公示。所有市场化的养老机构都要在"信用重庆"网站公示,让社会通过权威的平台了解详情。二是要分级分类监管。对养老机构要开展信用评价,在信用评价的基础上分级分类监管。三是要严厉打击查处问题养老机构。督促落实四方责任,积极开展养老服务诈骗专项打击行动,做到管理精细化,服务专业化。万州养老服务"十四五"发展思路阐明了养老服务改革模式、实施路径、案例解析、实战操作,明确了主旨、明晰了步骤。

【权威金句】

☆ "——必须坚持人民至上。人民性是马克思主义的本质属性,党的理论是来自人民、为了人民、造福人民的理论,人民的创造性实践是理论创新的不竭源泉。一切脱离人民的理论都是苍白无力的,一切不为人民造福的理论都是没有生命力的。我们要站稳人民立场、把握人民愿望、尊重人民创造、集中人民智慧,形成为人民所喜爱、所认同、所拥有的理论,使之成为指导人民认识世界和改造世界的强大思想武器。"

(习近平在中国共产党第二十次全国代表大会上的报告)

第三章　南京万州　结对帮扶

【概述】

江苏、重庆，南京、万州，对口帮扶，两地人民一直忘不了老领导吴政隆书记的关心和大力支持，他曾多次指示：东西部协助和对口支援是党中央做出的重大决策，习近平亲自谋划、亲自部署、亲自推动的长江经济带发展、成渝地区双城经济圈建设等重大战略、重大举措，为万州现代化建设提供了重大机遇。吴政隆书记语重心长地对重庆、江苏两地的领导说，江苏与重庆、南京与万州共饮一江水，情谊根深叶茂，交流源远流长。多年来，在对口支援省市的倾情援助下，万州发生了翻天覆地的变化。万州区把握重点、聚力焦点、突破难点，积极发展养老服务产业。实现了从碎片化到体系化制度建设、从零散发展到规模发展的整体布局。成功将政府兜底保障发展成社会多元供给。社会化运营率不断提升。人才队伍建设不断完善，养老护理员社会培训率达百分之百。建立起以农村公办养老机构为支撑、村（社区）日间照料中心和养老服务站点为补充的三级服务平台，县级、区域、乡镇、村组四级联动的农村养老服务网络。突出"家门口"养老，实现社区居家养老服务全覆盖。

第三章　南京万州　结对帮扶

【权威金句】

☆ 习近平总书记强调，要完善东西部结对帮扶关系，拓展帮扶领域，健全帮扶机制，优化帮扶方式，加强产业合作、资源互补、劳务对接、人才交流，动员全社会参与，形成区域协调发展、协同发展、共同发展的良好局面。中央定点帮扶单位要落实帮扶责任，发挥自身优势，创新帮扶举措，加强工作指导，督促政策落实，提高帮扶实效。全党要弘扬脱贫攻坚精神，乘势而上，接续奋斗，加快推进农业农村现代化，全面推进乡村振兴。

第一节　结对帮扶概况

南京市和万州区属于对口支援城市。"十三五"以来，江苏、重庆以《江苏省对口支援三峡库区合作规划（2015—2020年）》为指导，省、市、区县各级领导多次互访交流，接洽对口支援工作，有效地推进了相关工作再上新台阶。万州希望养老项目提档升级，区领导专程到南京来洽谈、交流，希望能得到南京有关方面的支持。因此，南京养老服务指导中心领导人，带领南京养老组织去万州进行交流考察对接。最终万州通过竞争性磋商，引进南京银杏树家园托管运营万州全区28家农村敬老院。敬老院分布在整个万州区农村各个乡镇街道，总床位数在1500张左右，目前入住率为40%。

万州敬老院改革思路，一是转变敬老院发展定位，增强区域性养老辐射功能。二是要优化布局调整。重庆市曾出台相关文件，指导辖区开展养老服务设施建设布局调整，撤并"小、散、远、差"的敬老院，通过新建、改扩建、提档升级等方式建设市区级失能半失能特困人员供养服务机构、农村区域性养老服务中心。三是实施改造提升。通过增加投入,新建床位,改造提升敬老院,改善养老环境。四是加强服务保障。持续推进敬老院法人登记,连续调整特困供养标准,与城乡最低生活保障标准挂钩,同时各地财政调整敬老院运转经费用以解决敬老院人、财、物等关键问题。由此,农村敬老院逐步转变为区域性养老服务中心,并对区域内养老服务分中心、服务站点进行服务指导,建立起以农村公办养老机构为支撑、村(社区)日间照料中心和养老服务站点为补充的三级服务平台,实现区县、乡镇、村组等联动的农村养老服务网络。

一、突出改革

力推农村敬老院改革创新,夯实农村养老服务体系基础。其次,拓展敬老院服务对象,实现农村老人全覆盖。一是无偿供养,为贫困家庭中的失能失智老年人建档立卡。二是低偿供养低收入家庭中的特殊困难老年人。采取"个人缴费＋政府补贴"等方式,有序引导低保家庭特殊困难老年人入住敬老院,实现生活有人照顾、生病有人照料。三是有偿开展社会化代养和居家养老服务。合理确定敬老院养老服务价格,对留守老人及有需求的农村老人开展代养服务,并通过政府购买服务,为经济困难的高龄、独居、残疾等困难老人提供居家养老服务,缓解农村"空巢"老人生活无人照料、失能老人家庭照护困难等难题。

二、突出基本普惠

积极拓展养老服务多层次供给。其一是探索基本养老服务,促进"人人享有"。完善老年人福利政策,健全高龄津贴、经济困难高龄失能养老服务补贴制度。支持主城中心城区试点推进家庭养老床位 1 500 张,支持 5 000 户经济困难老年人家庭居家适老化改造,为居家老年人提供适老化、智能化、专业化家庭照护服务。其二是发展普惠养老服务,推动"人人可及"。开展普惠养老院建设专项行动,新增普惠养老机构420家、床位3.78万张。会同市发展改革委制定普通老年人可承受的普惠养老服务价格标准,吸引老年人入住普惠养老机构,平均入住率提高到69%。其三是延展多元养老服务,力争"人人可选"。推进医养融合发展,支持养老机构与医疗机构签约协作发展,建立医养结合机构,推进康养产业发展。

三、突出均等发展

不断补齐农村养老服务体系短板。其一是推进失能特困人员集中照护机构建设,打造区县"集中照护"平台。出台《失能特困人员集中照护工程实施方案》,围绕农村失能老年人刚性护理需求,新建改建区县级失能特困人员集中照护中心、护理型床位。其二是推进乡镇养老服务设施建设改造升级,打造农村"集中供养+社会养老"平台。依托乡镇敬老院或利用农村现有资源,建成乡镇养老服务中心;开展乡镇敬老院"热水供应常态化、生活寝具标准化、卫浴空间适老化"的"三改"行动,改造升级乡镇敬老院、乡镇敬老院开展公建民营改革试点。其三是推进互助养老站点建设,打造邻里"互助养老"平台。推行"四有五助"互助模式,即实现每个村有"一个互助养老点"、有"一个人定岗服务"、有"一支志愿队伍"、有"一套结对帮扶机制",开展集中助餐、流动助医、定点助乐、智慧助急、上门助养等"五助"服务。

【延伸阅读】

据2022年8月4日"江苏学习在线"平台报道:8月3日至4日,江苏省委书记吴政隆会见重庆市委常委、万州区委书记于会文一行。吴书记指出,希望双方深入贯彻习近平总书记重要指示精神和党中央、国务院决策部署,完整准确全面贯彻新发展理念,服务构建新发展格局,共同落实好对口支援三峡库区合作规划,以推动绿色高质量发展为主题,以深化供给侧结构性改革为主线,以改革创新为根本动力,以满足两地人民日益增长的美好生活需要为根本目的,坚持"输血"与"造血"相结合,充分发挥比较优势,在共抓长江大保护、产业链供应链合作、高水平对外开放、文化旅游、完善教育医疗等公共服务、巩固拓展脱贫攻坚成果和民生改善等方面深化合作,扎实推进共同富裕,合力推动长江经济带高质量发展,在全面建设社会主义现代化国家新征程上携手并进、合作共赢,共同为全国发展大局作出新的更大贡献。

第二节　农村敬老院改革思路

1949年新中国建立之后,养老服务经历了一段曲折发展的过程,归纳起来可分为改革开放前和改革开放后两大阶段。

一、改革开放前(1949—1977)

基于计划经济的背景,参照当时苏联模式,入住养老机构的主要对象是"五保户"、孤寡对象以及优抚军烈属等,由政府开办的福利性养老机构提供生活照护型粗放式养老服务。此时的养老服务还不是一个独立的、完整的概念和服务形式,包含在社会福利范围之内。农村养老服务设施是敬老院,1956年中国第一个敬老院在黑龙江省拜泉县兴华乡诞生。到1958年底,全国农村共办起15万余所敬老院,收养"五保"对象30多万人。1958年创建了烈属养老院(后更名为光荣院),接收对象包括孤老伤残军人、孤老复员军人等。

二、改革开放后(1978—1999)

基于市场经济的背景,在完善政府为主的福利性服务的同时,探索解决社会养老问题,与养老服务相关联的老龄工作机构、老年法规、养老机构和管理规章制度首次出现。老年人福利服务和养老机构提供的服务开始了新发展。

第一,建立了老龄工作机构。我国政府开始关注人口的老龄化问题,1982年成立全国老龄工作委员会,初步形成了从中央到地方的老龄工作网络。

第二,制定了第一部老年法。1996年,我国制定了历史上第一部《中华人民共和国老年人权益保障法》,该法明确规定"老年人养老主要依靠家庭"。

第三,发布了第一批养老服务规章。1998年,国务院办公厅转发《关于加快实现社会福利社会化的意见》;民政部等制定了《社会福利机构管理暂行办法》《老年人社会福利机构基本规范》《老年人建筑设计规范》《农村敬老院管理暂行办法》等一系列有利于养老服务机构发展和规范管理的制度,促进了养老服务项目由单一的生活保障向集居住、医疗、护理、康复、娱乐等转变,养老服务方式和质量逐步提升。

第四,拓展了养老服务范围。以社会福利机构改革为突破口,服务对象从传统的"三无"老人逐步向有需求的社会老人开放。从 2012 年至今养老服务为快速发展新时期。以习近平同志为核心的新一届党中央,高度关注养老服务和老龄工作,积极应对人口老龄化,中国养老服务进入新时代。社会养老服务体系、积极科学及时应对人口老龄化、老龄事业与老年产业成为关键词。

第五,如何解决特困老人就医和住院护理的问题。南京银杏树托管的万州区 28 家敬老院,根据托管协议约定,由银杏树家园负责老人住院期间的护理。28 家敬老院散在万州区不同的乡镇,每一个敬老院的老人住院都需要安排护理人员,需要投入大量的护理力量。银杏树负责人吴友凤带领团队对万州各乡镇社区卫生院进行调研,和有关医院院长们深入交流后,最终调整为:老人生病住院如果身体能够自理,就近入住乡镇卫生院,由敬老院的自理老人相互照顾,互助护理;如果是失能半失能的老人需要住院,就全部集中到甘宁社区卫生院,由甘宁集中供养中心的敬老院派出专业护理员到医院照顾老人,这样既解决了老人住院分类护理问题,又节约了人、财、物等资源。

【延伸阅读】

为切实解决失能特困老人长期照护,以及农村特困人员供养服务难题,创新实施精准的集中照护模式,织密织牢失能老人救助网。首先是精准施策。万州探索将农村失能特困人员集中到有专业护理能力、有医养结合条件的公建民营养老机构进行集中照护,从而破解农村敬老院失能老人照护难、护理难、康复难、经费难等问题。特别是针对患有精神疾病的老人无法获得集中供养的问题,拟推出由专职护理员提供优质服务,通过专业的治疗和照护让患有精神疾病的老人感受到温暖和关怀,生活和健康都有了保障。对失能特困老人集中照护中心进行环境改造和设施设备提升,并为入住的失能特困人员每年增加护理经费补贴,用于提高护理等级、购买护理用品。其次是精准照护,提升服务质量。小病、慢性病不出养老院,通过医养相结合达到健康养老的目的。丰富服务方式,让老人们获得真正的幸福感。

在生活照料服务上,按比例为失能、半失能老年人配备护理人员,提供照料清洁、睡眠、饮食、如厕等服务;在医疗保障服务上,公寓内设医院,提供治疗、康复保健、健康监测检查服务;在健康娱乐服务方面,设置文体娱乐场所,老人们可在这里唱歌、唱戏、下棋、绘画、做手工等;在心理健康服务上,由志愿者或专业心理医生提供心理疏导、精神慰藉等服务,帮助老人保持身心健康。

第三节　转变敬老院运营方式

转变敬老院运营方式,激发农村养老市场活力;丰富敬老院服务内容,推动农村养老高质量发展。

一、管理标准化

政府出台统一的地方敬老院管理标准,加快推进各地制标贯标,完善老人评估、工作人员岗位配置等制度规范。

二、服务个性化

各地积极探索智慧养老院建设,依托各级养老服务综合信息平台,对区域内老人基础信息、服务需求、服务实施、监管评价等实行大数据监督管理,紧扣不同老人需求,开展个性化服务。

三、医养结合专业化

推行敬老院与基层卫生机构、大型医院签订医疗协作协议,建立健康档案,定期开展健康知识讲座、体检、康复理疗等服务;与养老护理专业学校、专业护理机构合作,开展失能老人照护、日常护理及临终关怀等服务。

四、关爱活动常态化

组建老年志愿服务队伍,采取"社工引领志愿者"方式,常态化开展敬老院助老、爱老志愿服务项目,积极发动社会力量和敬老院共建结对,开展送文艺、送温暖、送安全等系列关爱活动。

【权威金句】

☆党的十八大以来,习近平总书记就脱贫攻坚、东西部扶贫协作和对口支援工作做出一系列重要指示。东部地区从政策、资金、产业、智力、文化、基础设施建设等方面开展了全方位、多层次的对口帮扶工作，助力对口帮扶地区的贫困县脱贫、贫困人口减少、贫困发生率下降，促进了贫困地区的经济社会发展。从长远看，东西部扶贫协作要立足国家区域发展总体战略，深化区域合作，推进东部产业向西部梯度转移，实现产业互补、人员互动、技术互学、观念互通、作风互鉴、共同发展。

万州立足自身实际和文化传统，积极探索高效高质的农村养老服务模式，实现了在发展定位上向农村区域养老服务中心转变，在运营管理上向公建民营、合作经营、购买服务转变，建立了无偿与有偿服务相互补充、托底与普惠相互结合的农村养老服务体系。具体做法如下：

第一，依托养老服务中心，实现"社会化养老"。将乡村敬老院"社会化改革"纳入区目标绩效考核，实现乡村敬老院"公建民营"改革，在运营管理上实现从"公建公营"向"公建民营"转变。按照一定标准推进乡镇中心敬老院"适老化"改造，拓展社会代养功能，打造功能完善的"开放式"养老服务中心，在发展定位上实现从农村敬老院向农村区域性养老服务中心转变。

第二，依托养老服务分中心，实现"互助式养老"。采取"因村制宜、灵活建设"方式，分别打造"基本型""示范型"的分中心。通过"多村共建、多村共享"方式打造集养老、未成年人保护、文体娱乐、便民服务为一体的养老服务分中心。

第三，打造养老服务新模式。勇于实践，积极探索养老服务新模式，实现了公办养老机构在发展定位上向区域性养老服务中心转变，在运营管理上向公建民营转变的新突破。通过区民政局与养老服务中心所在乡镇签订履职责任书,乡镇与管理运营企业签订管理责任书,企业与服务对象签订服务协议,构建起"政府主导＋辖区主管＋民政监管＋企业主责＋自我监督＋社会监督"的责任体系。

第四,创新机制,激发"公建民营"活力和动力。一是创新市场准入机制。严格按照"四个优先"原则(即有专业养老服务管理经验优先、经营业绩突出优先、社会信誉良好优先、职业资格证书优先)和"五个一"标准(即一个具备养老资质的公司、一个具备养老资格的团队、一个热衷养老事业的院长、有一定的注册资金、一份热衷养老事业的承诺书),面向社会优选管理运营业主及服务团队。采用"政府补＋企业投＋代养收＋院办创＋资产增＋社会捐"的资金筹措方式,充分调动市场优质资源,培育养老服务资质本土企业,养老服务中心全部实现市场化运营。二是创新增收保障机制。通过乡镇给养老服务中心流转土地的方式,提高中心年产值,基本实现自给。

第五,创新服务管理机制。建立"1169"规范化服务管理模式(即1名院长负责制、成立1个院务管理委员会、6个院民自治小组、健全9项院务管理制度),使老人视养老中心为家。创新双向考评机制。按五大类51项指标,区民政局每年对养老服务中心进行考核,考核不达标终止运营服务合同。

第六,做实五项保障,护航"公建民营"长效稳健。其一是做实政策落地保障。制定了发展区域养老服务实施意见,进一步明确市场准入、土地保障、税收优惠、资金补助、信贷支持等优惠扶持政策,制定考核管理办法,确保各项政策落实落细落地。其二是做实医养结合保障。定期组织健康体检,并建立健全三级联动医疗救治机制:中心建立医疗室,乡镇卫生院院长兼任中心副院长,遇急症、重症时向区人民医院转诊治疗。其三是做实风险规避保障。

实行双保险制度,即养老服务企业购买财产保险,并为服务对象购买意外伤害保险,使老人有安全感,也降低了运营风险。其四是做实人文关怀保障。发动社会组织参与养老服务,开展文艺表演、精神慰藉、义务巡诊、志愿服务等活动。同时,中心成立排忧解愁小组,自娱自乐,增强老人的获得感、幸福感。其五是做实监管安全保障。建成区智慧养老信息平台,实时掌握老年人生活现状;坚持部门联动,民政、卫健、市场监管等部门常态开展综合检查;鼓励引导养老服务行业协会制定养老服务公约和行业规范标准,做到平台在线监管、实地检查监管和行业自律监管并重。

【权威金句】

☆"我们要切实做好巩固拓展脱贫攻坚成果同乡村振兴有效衔接各项工作,让脱贫基础更加稳固、成效更可持续。对易返贫致贫人口要加强监测,做到早发现、早干预、早帮扶。对脱贫地区产业要长期培育和支持,促进内生可持续发展。对易地扶贫搬迁群众要搞好后续扶持,多渠道促进就业,强化社会管理,促进社会融入。对脱贫县要扶上马送一程,设立过渡期,保持主要帮扶政策总体稳定。要坚持和完善驻村第一书记和工作队、东西部协作、对口支援、社会帮扶等制度,并根据形势和任务变化进行完善。党中央决定,适时组织开展巩固脱贫成果后评估工作,压紧压实各级党委和政府巩固脱贫攻坚成果责任,坚决守住不发生规模性返贫的底线。"

(习近平在全国脱贫攻坚总结表彰大会上的讲话)

☆"自古以来,中国人就提倡孝老爱亲,倡导老吾老以及人之老、幼吾幼以及人之幼。我国已经进入老龄化社会。让老年人老有所养、老有所依、老有所乐、老有所安,关系社会和谐稳定。我们要在全社会大力提倡尊敬老人、关爱老人、赡养老人,大力发展老龄事业,让所有老年人都能有一个幸福美满的晚年。"

(2019年2月3日中共中央国务院举行春节团拜会,习近平发表讲话)

近年来,在重庆市委、市政府的领导下,市民政局深入贯彻习近平总书记关于养老服务的重要指示批示精神,全市养老服务工作连续3年被民政部评为优秀,先后10余次在全国会议上交流经验,成功举办全国社区居家养老服务现场会,央视《新闻联播》报道重庆市养老服务的经验做法:一是总体规划、快速推进着力全覆盖。推进实施社区居家养老服务全覆盖工程,在每个街道建设1个养老服务中心、每个社区建设1个养老服务站,建成街道养老服务中心220个、社区养老服务站2912个,覆盖率均提高到100%。二是建管分离、公私合营着力社会化。推行"机构建中心带站点进家庭"可持续社会化运作,延伸专业化服务到社区、进家庭,打造"中心带站"联合体162个,整合社区养老服务站1513个,形成"一网覆盖、一体服务"联网运营模式。三是建立清单、服务升级,着力品质化。在街道社区养老服务设施分类建立基本养老服务清单,试点开展助餐、助浴、助医"三助"行动,开办"中央厨房",开通"助浴快车"。万州区把握重点、聚力焦点、突破难点,积极发展养老服务产业。实现了从碎片化到体系化制度建设、从零散发展到规模发展的整体布局。成功将政府兜底保障发展成社会多元供给。社会化运营率不断提升,人才队伍建设不断完善,养老护理员社会培训率达百分之百,突出了"家门口"养老,实现社区居家养老服务全覆盖。

【延伸阅读】

2021年,江苏省对口支援考察组到重庆考察,考察组先后深入重庆市万州区双河口街道螺丝包社区、万州经开区、三峡移民纪念馆及云阳县规划展览馆等地,调研对口援建项目建设、产业合作情况。在召开的相关座谈会上,举行了项目签约暨捐赠仪式。上一年,通过公开招标,南京银杏树养老服务有限公司与万州区民政局签订了万州区乡镇街道养老服务项目协议书。万州区民政局陈知尧局长希望南京银杏树能够介入敬老院提档升级的设计和功能布局,根据运营的需要、老人的需要,完善装修设计和开展装修工作。

银杏树团队在区政府和民政局的大力支持下,与设计公司在原有敬老院设计上进行提档升级,并到现场和老人交流,通过多方沟通,调整了原有电梯设计位置,方便老人院内活动;把一楼的房间调整为多功能活动室、文化娱乐室以及评估室等功能室;在卫生间原有蹲坑的基础上增加了马桶,方便失能老人如厕;改造消防设施,为老人生活安全提供保障;在走道和卧室安装了暖光灯,安装了扶手,配置了窗帘、座椅、床上用品等,让老人感受到了一个崭新、温暖、舒适、安全的家。甘宁敬老院专业适老化设计和建设提档升级,成为万州区敬老院的样板。来自重庆各区县以及四川省西部的区县都来到甘宁敬老院参观考察交流。全区敬老院、社区养老服务中心全覆盖的提档升级,各级镇乡政府陆续前来参观,为农村敬老院的提升起到了示范样板的作用。重庆市民政局徐局长等领导对此颇为惊喜,特意在大会上表扬了银杏树。市、区领导的表扬大大增强了银杏树团队做好托管工作的信心、底气和动力。

第四章　三大作为　牵手南京银杏树

【概述】

南京银杏树在万州之所以能取得骄人的成绩,这与万州领导打造的平台有关,与万州有关部门热情周到的服务有关,更与区委、区政府以及区民政局领导始终践行"治国理政"有关。正是习近平总书记强调的:"干部干部,干是当头的,既要想干愿干积极干,又要能干会干善于干,其中积极性又是首要的。"万州区领导们做到了,而且做得很好!赢得全国老人的口碑!

养老难,农村养老更难,农村敬老院改革更是难上加难。因为敬老院的改革不仅仅是一个敬老院自身的问题,而是牵一发动全身,关系纵横交错、利益复杂多变。万州农村敬老院改革这件大事,充分体现了万州党政领导们的积极作为、勇于作为、善于作为。笔者认为这是大智慧、大谋略、大手笔的杰作。不仅盘活了农村敬老院这盘棋,而且找到了解决农村养老难的抓手。党的十八大以来,以习近平同志为核心的党中央准确把握人口发展大势,聚焦"一老一幼"问题,做出系列重要部署,及时回应民生需求,持续推动老有所养、幼有所育,不断取得新进展。习近平的治国理政思想集中体现在"人民"

二字上,即人民至上、执政为民的理念。"保证和支持人民当家作主不是一句口号,不是一句空话,必须落实到国家政治生活和社会生活中。""民之所需,政之所向,民之所盼,行之所至。"不断造福人民,始终用心、用情、用力解决民生问题。冰冻三尺非一日之寒,水滴石穿非一日之功。万州历届领导一件一件抓落实,一代一代接着干,坚持权为民所用,打造责任政府,践行习总书记"治国理政"的有关思想。

【延伸阅读】

中国历朝历代都在探索治国理政,但都没有找到一个符合中国国情、民情,且能长治久安、振兴中华的国策良方。没有比较就没有鉴别,没有鉴别就没有选择。党的十八大以来,以习近平同志为核心的党中央形成了一系列治国理政新理念新思想新战略。

理论就是武器,信仰就是力量。时代在不断进步,理论只有随之不断创新发展,才能保持科学性、增强指导性。习近平的治国理政是全党全国人民政治上的"主心骨"、信仰上的"定盘星"、行动上的"指南针",是推动实现中华民族伟大复兴的前进动力。学好、讲好、用好这些理论是执政为民的需要,是政治判断力的需要、是政治执行力的需要,是观察时势、化解风险、铲除腐败、发掘人才、谋划发展的需要。

第一节 积极作为 调研是谋事之基、成事之本

万州区领导高度重视养老服务业健康发展,为此,万州区成立了以区政府分管副区长为组长,区民政局局长为副组长、区政府办公室联系负责人。

区级相关部门主要负责人为成员的社区居家养老服务全覆盖工作领导小组，全面统筹推进养老服务各项工作。区委、区政府十分重视敬老院的改革工作，决定安排精明强干的蒋艺义副区长亲自挂帅谋划农村敬老院改革。上任后她反复强调，要牢记习近平总书记的教导，牢固树立以人民为中心的发展思想，进一步聚焦老人需求，丰富服务内涵，真心实意地做好养老服务工作，不断增强老年人的获得感、幸福感和安全感。蒋副区长带队来南京调研养老工作，亲自遴选合作对象。

【权威金句】

☆ 我们担负领导工作的干部，在对重大问题进行决策之前，一定要有眼睛向下的决心和甘当小学生的精神，迈开步子，走出院子，去车间码头，到田间地头，进行实地调研，同真正明了实情的各方面人士沟通讨论，通过"交换、比较、反复"，取得真实可信、扎实有效的调研成果，从而得到正确的结论。调查研究就像"十月怀胎"，决策就像"一朝分娩"。调查研究的过程就是科学决策的过程，千万省略不得、马虎不得。

(2005 年 8 月 26 日，《之江新语》第 154 页)

万州区的领导们做到了凡是有利于党和人民的事，"事不避难、义不逃责，大胆地干、坚决地干"。"干事担事，是干部的职责所在，也是价值所在。""勇于担当、善于作为"。事实上，担当是一种精神，也是一种能力，担当作为是诠释对党忠诚的最佳途径。对于党员干部来说，要立足本职工作，主动承担责任，担当作为、以身作则、甘于奉献、率先垂范、攻坚克难。把初心落在行动上、把使命担在肩膀上，在其位谋其政，在其职尽其责，主动担当、积极作为。这，正是万州一代代领导们的真实写照！

在南京调研过程中,万州领导们全方位、多角度、多层次、立体化了解、观察南京养老情况。南京养老机构大大小小有300多家,"高、大、上"的也不在少数,然而万州却选择了银杏树养老机构。蒋副区长首先来到南京银杏树福建路养老院,仔细查看老人的宿舍、食堂、活动室、洗浴中心及理发、修剪指甲等,患病老人的服药、打针以及失能老人服务设施等,了解收费标准等情况。走廊两边墙体上的绘画、各项服务表格、规章制度、值班表等,看护理人员服务操作。他们走进餐厅、卧室、活动室等处,与入住老人亲切交谈,了解到老人说在这里吃得好、住得好、心情好。万州领导们对南京银杏树养老服务的经营理念和服务规范表示肯定。于是他们得出:万州敬老院的改革就要这样做,护理人员要时刻关注老年人的生活状态,满足精神文化需求,让老年人享受丰富多彩的晚年生活。

万州领导们一行参观、考察了银杏树福建路养老院,走访了银杏树下属的几个居家服务点,并且还了解六合、江北、浦口等郊区农村养老服务点。蒋副区长详细询问了老人家属对服务的需求以及满意情况,并听取关于居家养老家庭照护床位的相关服务情况介绍。对通过政府购买服务的方式,开展适老化改造、定制化服务、智慧型守护等措施很感兴趣,她认为这既是惠民举措也是模式创新,希望把南京银杏树的这些好理念、好做法、好经验带到万州,生根、开花、结果,让万州老年人也能享受到这些优质、高效的养老服务。

【权威金句】

☆ "——践行宗旨,就是对人民饱含深情,心中装着人民,工作为了人民,想群众之所想,急群众之所急,解群众之所难,密切联系群众,坚定依靠群众,一心一意为百姓造福,以为民造福的实际行动诠释了共产党人'我将无我、不负人民'的崇高情怀。江山就是人民,人民就是江山。全党同志都要坚持人民立场、人民至上,坚持不懈为群众办实事做好事,始终保持同人民群众的血肉联系。"

(习近平在"七一勋章"颁授仪式上的讲话,2021年6月29日)

【延伸阅读】

2019年7月,南京市政府王国夫副秘书长带领南京市民政局各位领导,以及养老行业的企业家们来万州考察养老产业。万州区民政局精心梳理了一批可投资合作的养老项目,通过多次实地考察磋商,成功引进了南京银杏树养老服务有限公司落户万州,打包运营万州28家敬老院。

2020年4月13日,南京银杏树养老服务公司与万州签订了敬老院整体托管协议。这份协议签订后,银杏树养老公司董事长吴友凤感叹手上这份协议沉甸甸的:不仅要远赴1400多公里之外的西部农村,而且还是来做农村养老工作。怎么才能把这件事情干好?这个项目只能做好,只能成功,不能有丝毫闪失。这不仅仅是银杏树养老服务有限公司面子上的事,而且涉及南京市与万州帮扶的政治影响,最令他感到压力的不是路途遥远,而是心理压力:绝不能辜负老领导吴政隆书记的期望,绝不能辜负南京市和万州区领导的信任。当然,银杏树团队没有辜负万州老人和领导们的期望与信任。

镜头一 银杏树团队一行由董事长吴友凤带队,副总彭佩芝,综合部后勤主任吴友兰,助理陈梅、张小宝,大行政副总鲁爽,还有副总王进,厨师熊建新等工作人员相继到了重庆万州开展工作。团队十余人组成临时工作队,有的人住进九池敬老院,有的人租房;七八个人挤在一起,有的睡在客厅,有的是三个女生在一个小房间挤着住。早晨大家起床后就开始工作,有的要开车去山区龙宝片区的十家敬老院,轮流和街道政府部门洽谈交接管理工作,有的要去做设施改造提升工作,有的要留在九池敬老院开展试点工作。从日出忙到日落。晚上,大家还自动聚在一起,谈论当天的工作情况,有的谈体会,有的谈感受。遇到的问题,大家一起分析;遇到较大困难,大家一起想办法。晚上没有夜宵,只有边喝茶,边讨论。会议结束后还要进行书面文字整理及视频的记录和总结工作,真是两眼一睁,忙到熄灯。

镜头二 吴友兰主任住进了九池敬老院,和护理员们一起整理老人的内务,和后勤助理一起开展无障碍设施的改造、刷墙、采购电器设备等具体工作。她带着护理员给老人家换上新的床单、被套、垫被和衣服,并给宿舍进行了彻底的清洗、消毒工作。

镜头三 副总经理王进从老家盐城自己开车1 400多公里,用两天的时间赶到了万州。在万州开拓工作这段时间,每天自己驾车几百公里跑山路,走泥泞小道。他的爱车跑了一段时间山路后,已是"新貌换旧颜"了。王进的工作量很大,要带领团队到各个乡镇和政府洽谈托管问题,经常是晚上十点多钟才能赶回驻地。有时赶不回来吃饭,就吃点方便面充饥,晚上还继续参加团队的汇报总结会议。工作累,生活苦,大家没有任何怨言;干劲大,热情高,半年多的工作量,仅用短短三个月的时间,就把龙宝片区的敬老院情况全部摸清并完成了托管手续签约。

镜头四 从北京来的王军杰博士,为了兑现自己的诺言——探索农村敬老院改革这一新课题,特来万州与银杏树团队一起拓展农村敬老院改革工作。他家里有两个孩子都需要人照顾,得知他要从北京到西部支持农村养老工作时,岳母有点不理解,甚至有点生气(孩子太小了没人照顾),岳母对他说:

"你要是去我就退群。"当王军杰来到万州,参与农村养老工作时,他的岳母真的退群了。可是为了农村养老事业,王军杰还是兑现了自己的承诺,仍然奔赴万州,他说哪怕只有一个月的时间也要把工作做好。在万州期间,王军杰博士白天和大家一起做调研,晚上写工作规范(积分互助养老方案)等。晚上经常睡在九池敬老院门卫室的沙发上,一边写工作规范,一边顶替值班,经常工作到深夜,很少有完整时间休息。当银杏树在万州的积分互助养老方案受到老人们欢迎并积极参与时,大家打心眼里高兴。这一方案一经实施,大大改变了过去"各人自扫门前雪,不管他人瓦上霜"的窘况。所有老人精神面貌都有很大的改善,老人们更多的是主动进行自我管理,热情帮助其他老人,大家相亲相爱,得到了万州区各级政府表扬,各大媒体争相报道,王军杰博士这才安心地回北京。

镜头五 为了给双河口敬老院的老人提供更好的居住环境,公司决定将老人搬到九池敬老院进行过渡。在准备给双河口敬老院老人搬家的过程中,很多老人不理解,不愿意离开他们居住多年的老地方,宁愿守着这个破旧的房子也不愿意挪动。

2020年4月上旬,银杏树在万州区整体托管的敬老院工作中,万州区民政局陈局长带队协调九池敬老院的交接工作。由于九池街道对这项改制工作不是很理解,担心引进的养老机构不能把工作做好,所以在交接期间出现"杂音"——不同意,陈局长他们遭到了拒绝。陈局长和九池街道的领导们通过反复沟通、深入交流,做细致的思想工作,并强调了银杏树在南京做养老的一些经验做法等情况,改制敬老院是市委、市政府和区委、区政府下达的任务和工作目标。尽管这样,他们从上午谈到下午一点多钟,连午饭都没有吃,最后还是不欢而散。下午,九池街道的刘书记一行带队又来到万州区民政局会议室,和陈局长等民政局领导班子进行了再次沟通。为了让九池敬老院能够成为整个托管的试点项目,通过多次沟通、多方交流,九池街道的刘书记一行在局领导的支持下,最后还是同意把九池敬老院拿出来开展试点,但是对银杏树公司提出了一个严格要求,即只给一个月时间的试行期限,五月份进行试点,如果老人们满意,街道就同意试点。试点满意后再正式签订托管协议。

托管试点工作的开展,让有些敬老院院长想不通,更多的是老人们思想搞不通。人地两生,加之语言不通,交流起来十分困难。纵然是这样,也要迎着困难上,顶着风雨走。吴友凤与团队人员一起做老人们的思想工作。有的老人倔强,有的老人耳背,加之语言不通,交流过程更是异常的艰难。有位王爷爷,他患有肺气肿,又非常反对搬家过渡这事,常常吼叫。王爷爷吼到脸色发紫,气喘吁吁,吴友凤非常着急,担心出事,只好请来双河口街道的领导来做思想工作,请九池敬老院的周老院长来和老人谈心交流。经过街道领导开会以及周院长耐心的沟通,老人家才勉强配合搬家,团队如释重负,心里的一块石头总算落地了。

镜头六 鲁爽是安徽师范大学社会工作专业毕业的研究生,2020年5月刚入职银杏树,就直接被派驻万州参与农村养老的工作。鲁爽的孩子小,加之他岳母查出来得了乳腺癌(2021年7月),其时,银杏树在爱德基金会赞助下正在开展西部养老人培训工作。鲁爽舍小家为大家,在为期大半个月的培训前后工作过程中,他未能回家帮忙,而是留在万州带领团队进行整个培训的策划组织。如今,鲁爽仍然担任万州农村养老大行政主管工作。由于他工作认真,还有很强的交流沟通能力,在万州很快打开局面,吸引了一大批年轻人进入万州养老团队,为万州养老事业发展做出了很大贡献。

镜头七 敬老院的质量工作提升涉及方方面面。有一次,有位熊奶奶因为住院需要护理,公司就安排了护理员去进行照顾,可熊奶奶还要求养老院给她护理费,公司认为已经给老人提供了护理,就无须再支付这笔费用。为此,老人大吵大闹,把工作人员王进和鲁爽锁在敬老院内不让出去,到晚上九点都不开门。王进和鲁爽他们也只好在敬老院就地住下,耐心地和老人沟通。在托管过程中,这样的矛盾经常遇到,时常发生。现在回想起来,难免有些酸楚、苦涩。可银杏树团队坚持通过多方面的坦诚交流与耐心沟通,在万州民政局领导的大力支持下,最后老人看到入住的环境比以前更好,失能老人得到了更好的照顾,他们才愿意配合。

正是在万州区委、区政府的正确领导下,在区民政局领导的全力支持下,银杏树万州团队的工作才得以顺利进行,组织结构才逐步构建完成,办公室、财务部、业务部、市场部以及下面各院长、院长助理、护理团队等,逐步能够满足老人的生活、护理、管理等工作需要。阳光总在风雨后,风雨过后见彩虹。笔者为银杏树公司有这样一支能吃苦、能战斗,为梦想而奋斗的团队感到骄傲,感到自豪!

第二节 勇于作为 任期有限,责任无限

万州区农村敬老院分散在全区 52 个乡镇街道,都属于典型的远郊,二元经济结构与老龄化特征突出。万州区政府贯彻执行习近平总书记关于养老服务的重要指示批示精神,按照市委、市政府保障改善民生"补短板、强弱项、

提质量"决策部署,以创新体制机制为切入点,着力构建三大支撑体系,努力推进敬老院公建民营改革,推进养老服务的品牌化、专业化发展,让更多的老年人享受到高质量的养老生活。

养老难,最难的是农村。农村敬老院的改革不是一蹴而就的事,其中涉及各种隶属关系和利益关系。武宁镇敬老院是万州区新扩建的一所有250张床位的敬老院,运营比较顺利,也取得了比较好的成绩。在这样的情况下,武宁镇领导还是希望敬老院由镇政府自己运营。万州区委、区政府领导对敬老院的改革工作非常重视,蒋副区长亲自协调武宁镇敬老院的交接工作。为了让28家敬老院能够整体托管,区领导带队,亲自和武宁镇的领导们进行交流协调,向镇领导反复宣讲重庆市委、市政府及万州区委、区政府关于努力推进敬老院公建民营改革的重大意义,关于改善民生"补短板、强弱项、提质量"决策部署,关于推进养老服务的品牌化、专业化发展的重要性等等。谈话是一门艺术,特别是领导对下属谈话更有讲究,什么事情可以谈、什么事情不可以谈,什么时候应该谈、什么时候不该谈,什么话题可以直截了当地谈、什么话题应该缓谈、哪些问题应当谈得深一些、哪些问题可以谈得浅一些,都必须把握好"度",才能有效解开谈话对象的"思想疙瘩"。武宁镇敬老院的思想工作很难做的原因在于:一是新建的,二是效益好,三是老人满意,好像没有理由托管。当时吴友凤认为这个"骨头"是很难啃的。但在区领导面前,难啃也得啃。正如习近平总书记强调的:我们要牢记一个道理,政贵有恒。为官一方,为政一时,当然要大胆开展工作、锐意进取。

2020年7月一个周末的早晨,因为特困老人医疗的问题,银杏树负责人吴友凤给蒋副区长发短信进行了汇报,并提出了一些困难请区领导帮助解决。蒋副区长立即通知相关部门,在当天的下午就立即组织召集卫健委、民政局等部门以及两家三甲医院的院领导等20多人在区政府会议室开会,协调银杏树托管的敬老院特困老人的医疗问题。在会上从卫健委的角度、从医保的角度和从慈善救助的政策的角度以及医养结合的模式等多方面进行了探讨,最终协调社区卫生院以及中医院和相关的三甲医院,给特困老人建立绿色通道,解决老人医疗的问题。区领导雷厉风行的工作作风,给银杏树团队成员留下了深刻的印象。

区领导对银杏树团队来万州工作,从工作到生活都十分关心。2021年夏天,蒋副区长带队来到银杏树的工作场所双河口敬老院,询问南京来的团队人员生活情况,并对敬老院托管工作进行了座谈。当队员们提到在政府拨付经费上存在滞后的情况,蒋副区长当即请民政局协调,调整按季度拨付的思路,尽可能按月进行支付,每月提供报表并进行审核,以最快速度把资金拨付到位,以免影响银杏树的工作。记得有一次蒋副区长一路问吴友凤是如何和原来的老院长们建立良好关系的,相处得这么和睦融合等。吴友凤就向蒋区长汇报:养老服务需要众多的人参与进来,我们要充分发挥每一位养老人的价值,尤其我们从外地来到万州,一定要发挥本土的力量,能够把我们老院长的价值挖掘出来,将积极性调动起来,让他们和我们一起为了万州养老质量的提升而共同努力,要尊重并发挥他们的价值。银杏树的好建议,区领导总是认真地听、着力解决。万州敬老院在整体托管工作过程中,能够如此顺利进行,这与区领导和民政局干部们勇于作为直接相关。正如习近平总书记所说:干事担事,是干部的职责所在,也是价值所在。党把干部放在各个岗位上是要大家担当干事,而不是做官享福。改革发展稳定工作那么多,要做好工作都要担当作为。担当和作为是一体的,不作为就是不担当,有作为就要有担当。做事总是有风险的。正因为有风险,才需要担当。凡是有利于党和人民的事,我们就要事不避难、义不逃责,大胆地干、坚决地干。

【延伸阅读】

2020年4月13日的下午,南京银杏树团队来到九池敬老院。周院长热情接待了大家。团队成员和周院长一起坐下来进行交流,把银杏树这么多年的服务理念(让天下老人共享天年的愿景)和周院长分享,就如何能提高万州敬老院老人的生活质量等问题,和周院长达成共识。当时周院长没有提出任何条件,满口承诺一定在区委和区政府的领导下,支持银杏树来到万州的托管工作。于是,银杏树南京团队近十人在第二天拉着行李进驻了九池敬老院。周院长在敬老院为我们安排了入住的房间并配备了生活用品等。银杏树团队来到九池敬老院,院里面的老人非常信任周院长,可是对南京来的人很不欢迎,对立情绪很大,不允许团队人员在里面吃饭,担心我们是来赚他们钱的。在这种尴尬的情况下,周院长召集所有的老人开座谈会,向他们解释我们的来意,介绍银杏树为老服务的爱心和一系列服务措施。慢慢地,老人家们才开始接受了我们,托管工作得以顺利地推进。银杏树团队人员和周院长住在一起,每天一起商量九池敬老院如何提升文化氛围,如何进行适老化改造,如何通过积分互助的模式提高老人参与自我管理及帮助他人,如何优化现有的入住空间,把自理老人、失能老人进行区分,对失能老人进行健康评估,以及腾出一些空间给双河口敬老院的老人过渡等问题。周院长的执行力特别强,立即把工作布置下去,5月1日的上午,周院长就组织人把一半的区域整理出来,把现有的老人进行了合并,留出了20张床位给双河口的老人因为装修而暂时过渡一下。周院长的执行力深深地感动了银杏树成员,激励大家和周院长共同战斗。

万州民政局干部始终把广大老人的根本利益放在心上。对于个别"刺头"该管的就大胆地管。但在处理"闹事"老人时,严格区分心理健康的老人与有心理障碍、有人格缺陷的老人之间的差别。万州民政局干部虽然不是老人心理疾病的专家,但他们却是老人心理健康的管理行家,国内少见,难能可贵!

银杏树在万州区托管敬老院的工作中,有时也会遇到很多困难和阻力。如有个敬老院院长在公司接管以后,在服务上不能亲自下一线,环境卫生工作做得差,社会老人要入住到敬老院,他有时不配合,甚至拒绝接收。在公司集中采购食材配送上不配合,拒绝公司采买的菜品,有时甚至提出一些无理要求。公司开会时对这位院长提出批评,要求他不换"脑袋"就换人!这位院长竟然鼓动老人到街镇去瞎汇报、乱说。出现这个问题后,公司的人事部门约谈这位院长,最终给他三条选择:第一,调离原来敬老院,试用三个月。第二,提升敬老院的管理和服务质量。第三,自己离岗。最终这位院长自己提出离职。这件事看起来不大,但影响很不好。这件事处理得之所以如此顺畅,主要是万州领导勇于作为、大力支持。民政局领导敢于负责、勇于担当,他们既从制度和规则出发,又从老人心理特征全面考虑。

老人的人格改变是一种不易发现的心理疾病。人格是以性格为核心的,包括先天素质和后天家庭、教育、社会环境等综合因素影响所形成的气质、能力、兴趣、爱好和习惯等。老年人人格改变多为主观、敏感、多疑和固执,有的甚至会出现偏执、孤独、冷漠、刻板。老年人由于与外界接触减少,生活圈子狭窄,往往习惯于自己熟悉的事物和做法,不愿接受新事物,喜欢坚持自己的老看法,显得思想保守、固执己见。因为固执、主观,任意猜测他人动机,很容易产生多疑和偏执,导致人际关系紧张。研究发现,有明显心理困扰的老年人大多存在不同程度的人格缺陷,主要表现为自我、孤僻偏执、敏感多疑、性格急躁、虚荣心强等。需要注意的是少数老年人出现严重的人格改变,可能与某些疾病特别是脑器质性疾病有关。在照顾特困老人上,有时候也会遇到"特别"的老人,非常棘手。因为他们没有家庭的关爱,心理很敏感,经常因为一点小事就会引起吵架、斗殴甚至出现群体打架的事件。有次,有个老人没有请假就擅自离开敬老院了,院长和老人代表用了大半天时间才把他找回。之后,院长就召开院民大会,要求老人以后离开养老院要遵守请假制度,要有请假手续等,否则要按院内规定进行处理。这个制度是为老人安全考虑的。那位擅自离院的老人在院长话音刚落,就拿起板凳砸向老人代表以及院长,其他老人在他的煽动下也准备打一架。这时,院长顾不上自身安全,抢下他们手上的板凳,才制止了事态扩大。院长还被这个老人打伤膝盖等,住院治疗了十多天。后来,公司多次汇报请街镇领导协调,请村居委会把这位打架老人接回去单独居住。

【延伸阅读】

敬老院的隶属关系各有不同,有的属于区管辖,有的属于乡镇街道管辖。硬件条件也各有不同,有的硬件设施好些,有的自然环境条件好些,有的经济条件好些,有的经济条件相对差些。由于各家敬老院隶属关系不同,自然条件有别,经济有好、差之分,这些因素给敬老院硬件改革带来了诸多不便。工作过程中会遇到"大事小事,一堆难事"的情况,矛盾错综复杂,涉及的问题很多。由于管辖权限不同,敬老院的人事安排及资产评估清算是最敏感的问题。搞得好是动力,搞不好就是阻力。与此同时,万州区迎来领导换届。银杏树团队人员担心:"新官"不理"旧账","人来政改,人去政息",任由"旧账"变成呆账、坏账、烂账。新老权力交接期,往往会出现管理真空、权力真空,这也是司空见惯的。万州在这方面做得很好,无缝对接。政贵有恒,治须有常,工作一茬接着一茬干。笔者(老关)认为,万州领导中不管哪一任,心里都装着一本"民心账",在任期间算的是"发展账""长远账",离任绝不留下"糊涂账"。银杏树团队十分感谢万州领导对托管工作一如既往的大力支持和热情帮助,如原副区长蒋艺义(现任区委常委、宣传部长)、万州区民政局原局长陈知尧、原副局长赵达春及现任局长饶小雪、副局长向东,现任科长唐备、指导中心副主任谢毅等领导,他们都有把"一张蓝图绘到底"的责任担当。万州这种精神,是"功成不必在我""功成必定有我",牢记使命、不忘初心的高尚精神境界,具有耐心、恒心,前后衔接,一以贯之,在其位谋其政、任其职尽其责,给万州农村敬老院改革注入了新动力,给银杏树团队工作带来了很多方便。

【权威金句】

☆ 发扬钉钉子精神,就要坚持一张蓝图绘到底。习近平总书记指出:"我们要牢记一个道理,政贵有恒。为官一方,为政一时,当然要大胆开展工作、锐意进取,同时也要保持工作的稳定性和连续性。"一张好的蓝图,只要是科学的、切合实际的、符合人民愿望的,就要一茬一茬接着干,干出来的都是实绩,广大干部群众都会看在眼里、记在心里。三天打鱼两天晒网,朝令夕改,那就什么事情也干不成。领导干部要有"功成不必在我"的思想境界,始终坚持为人民谋利益的政绩观,正确处理大我和小我的关系,长远利益、根本利益和个人抱负、个人利益的关系,多做打基础、利长远的事,不搞脱离实际的盲目攀比,不搞劳民伤财的"形象工程""政绩工程",真正做到对历史和人民负责。

(《习近平总书记系列重要讲话读本(2016年版)》)

对"新官"来说,既要敢于"接棒",又要持之以恒,这是使命所在、职责所系,更需担当作为。各级党员干部要敢负责、勇担当、善作为,树立"功成不必在我"的信念,始终把广大人民根本利益放在心上,把事业接续干下去,以实干实效推动地方发展迈上新台阶。

第三节 善于作为 目标明确 方案科学

农村养老改革,敬老院是个"抓手",但是如果两眼只盯着敬老院这"一亩三分地"那是不行的。如果仅仅靠社区养老、居家养老,那养老机构也就没有办法生存,这就需要建立一种模式。建立什么样的模式?市场有句话叫:模式不对,努力白费。设计模式和框架需要深入调查研究,需要大数据支撑,需要领导智慧引领。一个适合养老业态的模式,要因地制宜、因时制宜、因势利导、因情施策。好的模式往往具备两大原则,简单地讲就是效益性和简单性,具有可操作性和可复制性。万州区领导们善于作为,"敢为天下先",科学谋划,创立适合西部农村养老综合体服务模式:培育居家和社区养老服务消费市场。依托乡镇闲置房屋等建设乡镇养老服务中心;依托村级便民服务设施、文化活动中心等设置村级互助养老服务点,为农村老年人提供居家和社区养老服务。运用中央改革试点切块资金,对农村敬老院进行适老化升级改造。

养老工作是民政部门工作中的一个重要部分。养老工作很具体、很实在,一言一行、一岗一位,都能见责任、见担当。是大胆创新,善于创新,多做建树性工作,还是墨守成规,只做应付性工作?是正视困难,积极解决问题还是遇到问题绕道走,消极掩饰问题?是极其认真,一抓到底,还是漫不经心、粗枝大叶、推脱躲闪?在位担当、在岗尽责。担当作为履职尽责,基础在学,关键在做,重点在干。为提升全区敬老院养老服务质量和水平,万州区党政领导提出了改革要求:以创新体制机制为切入点,以整体打包、委托运营的方式,引入南京银杏树养老服务有限公司、重庆光大百龄帮康养产业集团有限公司等4家养老企业运营全区32家敬老院,探索出一条兼具专业化和品牌化的敬老院创新发展之路。

【权威金句】

☆ 党的二十大报告提出,"实施积极应对人口老龄化国家战略,发展养老事业和养老产业,优化孤寡老人服务,推动实现全体老年人享有基本养老服务"。

如何应对人口老龄化、养老事业和养老产业如何发展……这些关系到民生的话题再次成为社会关注和热议的焦点。

银杏树在万州本地选择和万州区养老服务联合会会长、爱心养老院的创始人、万众华寓养老公司万强总经理进行合作,大家强强联手推进敬老院的托管工作。双方在交流洽谈合作时,南京银杏树负责人吴友凤、副董事长时英平,副总靳朝平等多次和万总及其团队开展深入的交流和互访工作。经过数月多次考察交流,双方协商签订了项目合作协议。这期间,万总为了搭建本土团队,同时引进了万州区颐康养老服务公司创始人何立云一同合作,三方合作成立了重庆黄角树养老服务有限公司,推进敬老院的提档升级等服务工作。

为了促进合作,双方进行了深度融合,吴友凤和万强、何立云白天做工作,晚上开会深入研究,深入交流敬老院的托管工作,如敬老院的适老化改造工作、敬老院的团队搭建等,多次进行磨合。在合作过程中,相互交流,相互谦让,求同存异,在近三年的工作过程中,将28家敬老院进行了全面托管,对敬老院的硬件进行了提档升级,老人的医疗护理工作逐步走向了规范。

为了促进两地文化的融合,银杏树整合爱德基金会的资源,来到西部开展养老培训工作,还将合作伙伴的团队一并纳入培训和交流,同时带领合作伙伴团队来到南京参观学习和考察。这一系列的做法,使两地养老界同仁相互认识,相互了解,彼此加深了感情。在这一合作过程中,经过多次交流和多次磨合,三方成立了董事会。董事会工作制度为每月召开两次董事会,采取线上线下交流。整体工作按大的方向逐步推进。但是经过三年的磨合,双方仍存在认识上的差异、理念上的差异等。2022年6月份,通过几个月的交流,银杏树和万众华寓及颐康三家股东通过友好协商,在万州区民政局饶小雪局长、向东副局长以及唐贝科长和指导中心谢毅主任等领导的多次交流、协调、沟通下,三方友好解除合同,终止合作。但在万州区养老联合会层面上,吴友凤、万强、何立云继续合作,相互交流,一起推进万州区养老服务事业的发展。

万州领导善于作为,把各方资源整合,拧成一股绳。如何把一些"碎片"

的、"独立"的资源串起来？用什么方法串起来？需要找到一根"红线"。说实在的，这件事想起来难，做起来更难，需要诸如政府资源、政策资源、人力资源以及社会资源等。整合政府部门的资源，比如民政局、卫健委、妇联、团委还有街道等；政策资源，如国家有关部门的政策、重庆市政府的有关政策等；社会资源，包括高等院校的人力资源、企事业社团的资源、医疗资源、志愿服务社团的资源，以及整合老人和老人家属的资源，等等。万州区把握重点、聚力资源，实现从碎片化到体系化制度建设、从零散发展到规模发展，将政府兜底保障发展成社会多元供给，社会化运营率不断提升。

万州领导践行了自己的诺言：从群众中来，到群众中去，经常深入群众，问计于民，问需于民，实实在在地解决老百姓的实际困难，为老百姓办实事、做好事、解难事。只有真正为群众办实事，才能体现自身真正的价值。基层工作无小事，把群众的事当作自己的事来办，秉承"一枝一叶总关情"的情怀，跟着问题走、奔着问题去，才能将工作做到实处。心系群众，恪尽职守，常常怀有一颗服务老人的爱心。万州农村老人对政府公建民营敬老院的改革十分满意、交口称赞，赢得老百姓的口碑。

2021年10月，南京市民政局陈副局长一行来到甘宁敬老院参观。陈副局长一行对甘宁敬老院的适老化改造、环境的布置以及专业化服务，大大地赞赏，当场就和随行人员说：要邀请南京老五县（系指南京市过去的郊县江宁、江浦、六合、高淳、溧水）的民政局局长来参观。银杏树团队在对甘宁敬老院进行硬件提档升级的同时，招聘培养专业的护理团队和管理人员，在原有基础上配置院长助理以及护理管理和行政管理人员，提高了敬老院的管理和护理服务水平，以及通过积分互助养老的模式，让老人爱卫生，相互帮助，提高了整个环境的整洁度和老人之间的感情温度。现在,当人们走进甘宁敬老院,老人们穿着由银杏树公司给老人制作的红色外套,显得十分精神。走进老人的卧室,没有任何的气味。打开老人的衣柜,衣服叠放得整整齐齐,卫生间毛巾、脚布叠放整齐,床底拖鞋整洁,让人赏心悦目。

【权威金句】

☆"——我们深入贯彻以人民为中心的发展思想,在幼有所育、学有所教、劳有所得、病有所医、老有所养、住有所居、弱有所扶上持续用力,人民生活全方位改善。人均预期寿命增长到七十八点二岁。……"

(习近平在中国共产党第二十次全国代表大会上的报告)

☆"江山就是人民,人民就是江山。中国共产党领导人民打江山、守江山,守的是人民的心。治国有常,利民为本。为民造福是立党为公、执政为民的本质要求。必须坚持在发展中保障和改善民生,鼓励共同奋斗创造美好生活,不断实现人民对美好生活的向往。

我们要实现好、维护好、发展好最广大人民根本利益,紧紧抓住人民最关心最直接最现实的利益问题,坚持尽力而为、量力而行,深入群众、深入基层,采取更多惠民生、暖民心举措,着力解决好人民群众急难愁盼问题,健全基本公共服务体系,提高公共服务水平,增强均衡性和可及性,扎实推进共同富裕。"

(习近平在中国共产党第二十次全国代表大会上的报告)

万州区领导上上下下,立足本职岗位,认真履行岗位职责,确保把"大事"做圆满,把"小事"做精细,把难事处理稳妥,把分内、分外事做出高水平。

任期有限,责任无限。万州每一任领导握在手里的,都是地方发展的"接力棒",勇于担当负责,积极主动作为,用科学的理念、长远的眼光、务实的作风谋划事业。时代是出卷人,干部是答卷人,人民是阅卷人。万州区积极应对人口老龄化,围绕"足不出户、养老无忧"的目标,在城市着力打造"家门口"养老院,建成街道养老服务中心、社区养老服务站,实现了城市社区养老服务设施全覆盖,通过"互联网+"智慧养老,构建"机构、社区、居家"三级联动、中心带站(点)的养老服务体系,为辖区老年人提供生活照料、托养护理、医疗康复、文化娱乐、精神慰藉等服务供给。城市社区居家养老的经验为万州区内的农村居家养老提供了改革借鉴。在农村敬老院改革中,通过发展农村养老服务业,分级分类构建以县为中心的县、乡、村三级养老服务体系,同时市、区级有关部门协调配合,共同抓好实施和落地,推动城市农村养老资源统筹整合、优化配置,发挥城镇、农村融合化、系统化最大效益。万州民政局领导有"功成不必在我,功成必定有我"的境界和担当,对于工作,只要是符合党和人民事业需求的,就坚持一张蓝图绘到底,多多"添柴"而不胡乱"起灶",一以贯之地把农村敬老院改革向前推进。他们这种积极作为、勇于作为、善于作为的精神感人之深,令人敬佩!

附1：万州银杏树开展积分互助养老实施办法（暂行）

2021年1月1日

根据国家及重庆市相关养老服务体系建设的有关指导意见，依据《重庆市万州区镇乡街道敬老院公建民营改革方案》等文件精神，结合我单位自身的情况，经过策划、调查研究及多次研讨，并根据上级部门意见，特制定本实施办法，具体内容如下：

第一　总则

第一条：积分互助

本办法中的积分互助养老，是指银杏树连锁养老品牌依托其托管运营的农村敬老院（现为养老服务中心），引导院民开展自我照料、互帮互助，发展院办经济，通过积分奖优惩懒，形成提升养老服务质量的工作模式。

第二条：适用范围

本办法（项目）适用于银杏树品牌旗下托管的农村敬老院（养老服务中心）、养老服务机构（院/中心/站）及品牌授权使用、项目合作的其他养老项目。

第三条：适用人群

适用人群以院内院民为主，兼顾社会老年人、群众、党员干部等群体。

第四条：适度推进

积分互助活动以调动院内院民的积极性为主，在具体实施中修正和完善，每年度结束后总结形成可易操作的工作经验后，扩大项目影响。

第五条：实施组织

本办法由银杏树重庆公司总统筹，由各片区负责人进行调度协调，由各养老服务中心院长具体组织实施。

第六条：实施方针

坚持总体统筹、片区协调、院点落实相协调方针；坚持实事求是工作方针；坚持引导、鼓励、向好、向善方向发展。

第二 互助管理

第七条：自愿加入

积分互助养老采取院民（老人/党员/群众）自愿申请加入的方式，经过自愿加入、院点初核（片区复核）、总部备案、公示确定四个环节进行确定。

第八条：自我管理

加入积分互助养老项目的院民（其他社会人员）采用自我管理、自我服务、相互帮助、互相帮扶的生活生产模式。

成立具有互助性质的院民管理小组，在院长的带领下搞好院民积分互助养老的管理服务工作，做好积分互助养老院民的监督和积分核算与公示、积分异议诉求的接办。

第九条：异议接办

加入积分互助养老项目的院民在该项目的管理运行中，可以就个人积分记录存在差异、积分兑换产品的公平性等方面向院民管理小组提出复核。院民管理小组在接到诉求后，应及时复核答复，确有错误的要在月度积分公示时公示纠正。

第十条：自由退出

加入积分互助养老项目的院民，可以根据自己的情况随时申请和要求退出项目。在退出时，核定积分总数并确定兑换产品，消减积分，注销积分互助资格。

第三 积分累加

第十一条：文明生活积分

加入积分互助养老项目的院民,每天做到个人仪表整洁,房间干净卫生,遵守中心规则,可自动获得1个积分。

第十二条：社交活动积分

加入积分互助养老项目的院民,参加中心组织的活动,每参加一次则自动获得1个积分。

第十三条：兴趣小组积分

鼓励老人开展兴趣小组活动,组员发展到4人以上,并定期开展活动,每次可以获得2个积分。

第十四条：好人好事积分

由院务管理小组定期对院民做出的好人好事进行评选,核准的好人好事单次可获得2~5个积分。

第十五条：生产劳动积分

根据院点实际情况设定互助工作岗位和工作内容,暂时设定4个岗位,每个岗位按照职能确定积分分数,岗位通过院民自愿报名,经面试、公示来确定。

其中,从事农耕、牲畜养殖、手工生产等工作的另行研定后执行。

岗位	人数	主要职责	积分
厨房岗	2	负责配合炊事员做好择菜、清洗工作; 做好厨房餐厅区域卫生清洁	2
互助护理岗	2	负责帮行动不便的老人打水、护理以及内务检查等	3
院坝清洁岗	2	负责院坝、公区清洁和打扫,垃圾处理	2
门卫巡查岗	2	负责配合安全负责人进行中心安全巡查,进出中心人员的登记、防疫检查	2

第四 积分消减

第十六条：积分消减

(1) 不服从中心管理,没有向院长和值班工作人员请假而擅自出门的,每次减3分;

(2) 不注意个人仪表、不讲究卫生,在中心安排抽检时不达标的,每次减2分;

(3) 在中心安排抽检时,个人卫生、房间和床上用品不整洁的,每次减1分;

(4) 在中心与他人吵架、骂人的,每发现一次减1分;

(5) 随地吐痰、乱扔垃圾(烟头)的每次减1分;

(6) 在房间内吸烟的,每发现一次减2分;

上述积分累加和消减以工作人员检查和记录为准。

第五 积分记录

第十七条：记录要求

积分的累加(消减)记录,均应严格执行,由工作人员复核累加(消减)事项,不能随意累加(消减)积分,做到尺子公平、分数公允、作风公正,积分每月公示监督。

扣减积分的事项一定是中心工作人员在统一检查、抽查时,在当面发现并提醒后进行。原则上要做到消减积分时院民清楚原因,知道标准(各院标准暂由各院自行设定,报总部备案,公示给院民参照学习)。

第六 积分兑换

第十八条：积分兑换

逐步丰富可兑换产品目录,产品以院民日用品为主,兼顾院民其他需求,以兑换时所需积分为准。

第一批次　兑换产品名称及规格参数		
礼品	兑换积分	产品规格参数
短袖衬衣	30个	夏天穿短袖衬衣
洗衣粉	20个	立白袋装(500 g)
凉拖	15个	常规款式(鞋码)/限1人1双
牙刷、牙膏	15个	常见规格
毛巾	15个	常规毛巾
香皂	10个	常见规格
灭蚊片	5个	常见规格
纸巾	5个	常规包装规格
其他	另行规定	—

第七　附则

第十九条：解读归口

本办法最终解释权归重庆银林养老服务有限公司所有。

本办法向万州区民政局及有关街道、乡镇报备，并接受上述政府部门的指导、监督。

(本文有删减，如需详细资料请登录公司网站)重庆黄角树养老服务有限公司

执笔：王军杰　博士

附2：爱普雷德农村互助积分养老"11411"智能模式

编者：南京爱普雷德公司是一家从事智慧养老技术服务的专业公司，为农村养老及养老服务管理提供智慧养老服务模式。银杏树搭载爱普雷德信息化、智能化技术，形成线上线下一体化管理、实现集团化战略快速发展，构

建养老生态合作伙伴。该模式有老年人基础需求,开展生活照料、精神关爱、紧急救助等服务板块。日常为老人提供卫生清洁、做饭、做家务、上门陪同聊天、节日问候等,在老人偶遇突发事件时,可及时联系到志愿者上门。银杏树与爱普雷德在万州等地均建立了密切的合作关系,

一、发展农村互助积分养老的意义

农村互助积分养老模式进一步调配农村相对低龄自理老人与闲置劳动力体现自身价值,为一些"高龄""独居""失能""半失能"等一切有养老困难的老人进行结对互助,为其提供基础服务的同时获得相应积分,一方面打破了传统"自家管自家"的传统家庭养老观念,为社会减压,为家庭分忧,进一步强化"邻里为亲"的互助理念,体现志愿精神。另一方面通过专业化的培训,让全民争当"养老志愿者"获得专业知识的同时,能够为老人带去更优质的服务。

互助养老当前主要以政府为主导,养老服务及社会企业为辅助,"五个一"理念将农村互助养老运转起来,即:国家政府补一点(政府补贴)、邻里乡亲帮一点(互助养老服务)、老人家庭出一点(抵偿购买专业服务)、服务组织让一点(低偿提供专业服务)、企业个人捐一点(社会慈善捐赠助力)。

1. 开展服务类型

当前,该模式主要针对老年人基础需求,开展生活照料、精神关爱、紧急救助三个服务板块。日常为老人提供卫生清洁、做饭、做家务、上门陪同聊天、节日问候等,在老人偶遇突发事件时,可及时联系到志愿者上门。

2. 服务体系建设

(1)服务站负责人选定流程:首先由村(居)委会通过公开选拔若干名候

选人(候选人的基本要求:有爱心、责任心、较强协调能力以及管理能力等)向乡镇政府提出申请,由乡镇政府甄选2~3名候选人交由市县民政部门遴选服务站负责人,通过公示确定一名人员为村(居)委会民政服务站站长。

(2)服务站站长的工作职责:负责本村所有的助老日常事务,如志愿者管理培训、文化建设、答疑等服务。通过物联网、互联网技术,结合老年人配备的终端,使老年人在线建立社会服务组织、村(居)服务站站长、乡镇养老服务中心、邻里结对护理人员四级服务网络,实现服务闭环、高效。

(3)负责人的动态监督考核机制:对负责人开展月度、季度、年终考评,连续三个月考评不合格或一年内有三个月考核不合格者将予以辞退。

(4)志愿者的选定流程和建立志愿者积分机制以及奖励机制。

A.志愿者的选定流程。村(居)级志愿者原则上从本村的低保户/高龄困难家庭和志愿从事为老志愿服务的人员中选择有爱心且愿意从事的人员,由村委会甄选自愿结对服务的志愿者,上报乡镇政府和市县民政部门进行备案,申请通过后签署结对协议。

B.志愿者的奖励机制。通过对邻里以及所有为老人提供服务的服务人员建立相应的积分机制,增设加分项和减分项,如夜间为老人提供紧急服务的加分,为失能、半失能老人服务的加分,服务年限长的加分等。定期对服务意识不强、服务态度差、多次出现服务对象投诉等问题予以减分。

奖励一:志愿者可将积分在慈善超市平台中兑换成生活用品以补贴家用。

奖励二:颁发"优秀志愿者"荣誉证书并在全乡、全村公示孝心模范名单进行通报表彰。

奖励三:在开展季度和年度的综合服务评比中获得"优秀志愿者"的低保

对象,由村委会和中标企业上报至乡镇政府和市县民政部门审核后可适当上浮低保金。

奖励四:凡获得"优秀志愿者"称号的人员,如家中出现困难情况,将优先实施临时救助作为"优秀志愿者"的激励政策。(获得"优秀志愿者"称号的低保户通过结对服务获得物质奖励不作为识别低保户收入)。

(5)建立评比表彰激励机制。基于"熟人"社会文化,积极开展村(居)级孝道文化建设,通过介入服务的社会组织实行定期评比、组织集体活动等多项举措,将物质奖励和精神奖励相结合,实现可持续和有偿服务的互助养老模式。

(6)创办集中积分兑换机制。免去前期建设慈善超市的步骤,便于快速开展业务,定时定点集中到各村统一组织邻里等来进行积分兑换,由运营团队统一标准化进行积分兑换。在前期农村环境中也会起到很好的宣传效果及推动效应。

(7)建立互助养老文化。通过专业社工建立互助养老文化,通过培训、活动、仪式等手段提升互助养老服务质量。

(8)弘扬慈善文化,传递正能量。鼓励各村成功人士和社会各界自愿捐赠物资,用于互助养老服务,作为互助养老可持续的资源补充。

(9)建立激励机制。激励机制是互助养老顺利实施的重要一环,因为农村熟人社会,具有特殊的文化,不便用金钱来鼓励,而应围绕荣誉和物质双重方面补偿,建立积分机制,划分爱心等级,让爱心无限传递。

(10)建立互助积分养老大数据平台。互助积分养老大数据平台是互助养老开展的不可缺少的重要工具,具有完成基础信息、服务响应、人员调度、捐赠支出透明等重要的作用。

二、爱普雷德"11411"模式

基于农村养老存在的特点及难点问题,经过对互助养老的探索与实践,建立一套"邻里互助＋层级队伍＋智慧终端＋积分激励"的农村互助养老运行机制,打造大数据互联网、物联网信息平台,实现统一的服务调度监督,形成四级服务网络,达成"有呼必应"。建设"11411"体系赋能农村互助养老发展,应用最新的互联网、大数据、物联网、区块链、5G 等先进的现代科学技术,配置互联网＋农村互助养老积分服务平台与智能服务终端,为解决农村养老及养老服务问题提供"良方"。该体系已经应用在银杏树家园、河南省驻马店市汝南县、蚌埠市五河县、河北省石家庄市高邑县等多个区域,并取得了良好的社会反响。

"11411"分别是指:1 个智能服务终端、1 套助养积分信息平台、4 级服务调度网络、1 个运营中心、1 套有效激励机制。

1 个智能服务终端 智能服务终端安装在老人家中,可绑定志愿者、老人子女、养老服务商等多个角色,老人一键即可呼叫某角色进行联系;志愿者上门提供服务时,可使用选择服务类型,终端设备会对其进行人脸识别,服务结束后积分自动存储在志愿者账户中;老人在遇到特殊情况时,可用终端进行紧急呼救,四级响应保障快速救援,确保老人安危。

1 套助养积分信息平台 结合农村养老现状,以互联网思维为导向、以创新驱动为支撑、以智慧养老服务为目标,搭建一个全国最具综合性、先进性、易用性、合理性、落地性的农村邻里助养平台,成为政府构建完善的农村互助养老服务体系的有力"抓手",建设大平台、提供大服务、形成大数据、催生大产业,通过"线上＋线下"一体化服务运营,实现养老服务信息数据化、服务标准化、补贴精准化、监管智能化、供需对接智慧化。

4级服务调度网络 志愿者→村级服务站→乡镇/街道办社会服务中心→县/区运营调度中心,将此四级服务网络的电话号码与老人使用的终端设备进行绑定,老人进行一键呼叫时,先由志愿者做出响应,若志愿者未接听电话,则由上一级,也就是村级服务站负责人做出响应,村级服务站负责人未接听电话,则由乡镇/街道级负责人做出响应,以此类推。四级服务网络可有效保证接听率,使老人的呼叫无"漏网之鱼"。

1个运营中心 农村互助养老以县级单位建立1个运营调度中心,中心主要有:组织孵化、专业培训、主题活动、优秀表彰、宣传推进等职责,以确保相关政策的普及、互助养老推进、服务调度与监管、做好互助养老模式的有力推手。

1套有效激励机制 一方面采用物质奖励和精神鼓励双重激励方式,大大提高志愿者服务的积极性;另一方面通过政府补贴、社会募捐、子女捐款、企业捐赠等多个渠道,保障积分可持续性进行兑换,弥补以往"存"多而"兑"少,无法实现兑换承诺的弊端,以推动农村互助养老模式的可持续发展。

三、智能养老服务终端——"呼小爱"

爱普雷德推出适用于农村互助积分养老模式的智慧养老服务终端——"呼小爱"。"呼小爱"作为一款针对老年人开发的智能养老产品,其设计目的是方便老人生活。在生活中有很多事情是老人很难做到的,这些事情困扰着老人,给老人生活带来不便,不论是需要帮助,还是发生意外后的应急反应,邻里无疑都是最好的选择,能够给老人最及时的救助。此外,"呼小爱"通过使用信息化平台、智能终端等可实现应急救助、健康管理和为老人提供居家养老服务。

"呼小爱"作为爱普雷德公司自主研发的一款智能终端设备,目前有两款不同的型号。可支持一键呼出功能、双向语音通话、紧急电话循环拨号。老年人只需按一键便可与志愿者取得联系。"呼小爱"配置摄像头,可支持服务拍照监管。最新版本的"呼小爱"增加了触屏功能和高清摄像头,可支持视频通话。

目标用户:为年满80周岁的老年人群、残疾人(不限年龄)及年满60周岁的空巢、失能、失独、特困老年人。

用户需求:操作简便,符合高龄老人群体的生活习惯,一键紧急救助,一键呼叫上门服务,使老人能够居家享受健康咨询、日间照料、助洁送餐等便捷的点单式服务。

"呼小爱"核心功能

(1) 将一键呼救和邻里互助进行统一。放弃复杂操作,留给老人方便快捷,只需要按下按键拨通电话,将需求告诉邻里即可。

(2) 四级响应功能。当第一个电话未接通可自动拨打下一级电话。

(3) 采用积分回馈制度。邻里每次服务内容都会上报平台,根据服务内容兑换积分,积分可以兑换物品,同时为保证服务质量,服务过程中会进行拍照上传进行监管。

首先,给每个服务对象家里安装"一键呼"服务终端设备,老人发起呼叫后,志愿者的电话就会响。志愿者电话超时未接听,则村级服务站负责人电话响,服务站负责人电话超时未响应,则乡镇级负责人电话响,乡镇级负责人超时未响应,则县级运营调度中心的电话响,形成四级服务响应网络,彻底解决空白服务"盲区"问题。同时,志愿者通过"呼小爱"进行影像采集,留存服务痕迹,并确认服务项目,进行积分累计,实现主动探访与被动求助的双向服务模式。

"呼小爱"一键呼的功能,解决了智能设备不智能,破解老人数字鸿沟、难以操作智能设备的问题。邻居是离老人最近的帮手,"呼小爱"将一键呼叫功能与老人需求进行统一,只需按动一个键,就可以呼叫邻居的电话,为老人帮忙,解决老年人在生活中遇到的困难。邻居和老人相识,能够增加老人的信任感和安全感,让老人更愿意寻求帮助。在老人需要倾诉的时候第一时间有志愿者首先响应,为老人提供心理和精神上的慰藉。在老人身体不适时,一键呼可以一键呼叫志愿者和120,而邻居和老人距离上更近,如果老人发生意外能够更好地为老人争取黄金时间。让独居在农村的老人生活更幸福,让儿女更放心。

四、应用及推广意义

1. 解决农村养老问题,为农村老人提供生活帮助与精神照料,满足老年人多元化的养老需求,提高农村老年人的生活质量,让中国农村养老不再难。

2. 充分发挥养老企业和社会团体的作用和价值,提升养老服务质量与水平,促进养老事业化、产业化发展。

3. 有效缓解家庭养老不足,减轻家庭赡养老人的负担,使家庭成员有更多的时间和精力投入家庭发展的其他方面。

(本文有删减)

供稿　南京爱普雷德公司　总经理　尹春华

爱普雷德E周刊　　主　编　申佳琪

第五章 党建引领 尊知识 重人才

【概述】

民营企业要发展,建立党组织是十分必要的。党组织的作用主要体现在两大方面:一是党组织的政治引领作用;二是党员的模范带头作用。实践证明党建已经成为民企健康成长的内在标志。做好民企党建工作,对于实现企业健康发展意义重大。民企党支部在企业管理中处于中心地位,发挥政治核心作用。其主要职责是:①积极宣传、贯彻落实党和国家的方针政策,依法经营,履行企业应承担的社会义务。②以身作则,团结员工,发挥模范带头作用。③做好职工的思想政治工作,教育从业人员遵纪守法,用心用情做好老人服务工作。④发挥工、青、妇、社工等群众组织作用。

养老服务工作与其他行业不一样,员工面对的是"精神萎靡不振",甚至整天面对的是"疾病呻吟"的老年人,员工们极易精神疲劳。为了帮助员工们思想上解惑、精神上解忧、心理上解压,银杏树党支部坚持将思想政治工作同信息技术高度融合,增强时代感和吸引力,充分借助"学习强国"、微博、微信、微视频等多种载体,举办一些寓教于学、寓教于乐的教育活动。认真坚持"三会一课"制度,严格党员管理,加强党员教育,组织党员学习和讨论,提高政治素养。主要通过《榜样的力量》、学习强国 App、《党课开讲啦》等线上学习,抓住线上线下机会每月组织党员开展一次民主生活交流会,开展民主评议党员活动,积极完成党费收缴等项工作。

党的二十大报告强调"实施积极应对人口老龄化国家战略",为发展养老事业和养老产业提出了更高要求。养老照护是专业性强、服务精细的"技术活",生活照料、基础护理、康复服务、心理沟通等服务内容看似寻常,其实一招一式立显功夫,一言一语尽显情感。养老护理员是服务老年人的一线人员,是支撑老年人幸福晚年的一支重要队伍,更是中国特色养老服务体系建设的重要支撑。当前,我国老年人口数量大、增速快,呈现高龄化、失能化、空巢化等特点,急需一支数量充足、素质优良、技能精湛的养老护理队伍。在养老服务加速发展的第十个年头,我们欣喜地看到,越来越多的"80"后、"90"后,包括具有高学历的人才也积极投身到养老照护工作中去,她们秉持炽热情怀,肩负起敬老爱老助老为老服务的时代责任和历史使命,为养老服务人才队伍增添了新力量、注入了新活力、孕育出新希望。年轻的养老护理员们弘扬劳动精神、工匠精神,用娴熟的技能为自己赢得"全国技术能手"、省级"五一劳动奖章"、"三八红旗手"等荣誉,在平凡的岗位上做出不平凡的贡献。

银杏树养老机构党支部于 2008 年 11 月 6 日成立,支部建在南京市鼓楼区银杏树老年人服务中心,现有党员 14 人,其中组织在编党员 3 人。目前银杏树已拥有 200 多名专职员工、30 余家养老机构、20 多个居家养老服务中心、3 个残疾人之家。养老床位 3 000 余张,业务范围已走出南京,向周边城市辐射。养老机构分散给管理带来压力，如何把分散的机构团结在一起、拧成一股绳，党组织起到了引领作用和凝聚作用，党员起到了骨干作用和模范作用。

南京银杏树养老服务有限公司从成立之初就重视人才队伍的建设，本身又是南京养老协会副会长单位，负责养老培训工作。银杏树来万州，组织以党员为骨干的队伍，以此项目为契机搭建南京与万州养老人才交流、互动的平台，与重庆专科院校等合作，输送学员到南京品牌养老机构进行学习培训，进一步提升为老服务人员的综合素质，为万州培养一批年轻化、正规化、职业化的养老人才。

第一节　千秋基业　人才为本

人才是养老机构发展最重要的资源。在影响民营养老机构发展众多因素中，人才起到关键性的作用。因此，养老机构要改变落后的人才观念，防止极端观念。关于人才，首先要有正确的人才观，茆永福先生（江苏经贸职业技术学院老年产业管理学院创办人、原新疆退休厅级干部）说得好：不唯身份论人才、不唯学历评人才、不唯职称用人才，让技能人才无"身份"之忧，无学历之"绊"，无"草根"之虑。对于养老界来说，茆先生的话可谓是真知灼见，值得铭记。

养老行业是个特殊行业，养老机构的主体是人，只有人将这种服务意识付诸实践，才能够实现养老企业进一步发展，进而在激烈的市场竞争中站稳脚跟。人才是民营养老机构实现长远健康发展的重要支撑条件，所以养老机构加强人才队伍建设迫在眉睫,但不等于"抓进篮里都是菜"。如何对待工作?这是考察养老服务人才(其他职业亦如此)的一面镜子。有的人把它当作事业,敬畏肩上的担子,有一种很强的责任感、使命感;有的人把它看作职业,上班是为了"柴米油盐";更有甚者把它当作是副业,成了第二职业,打自己的"小九九",忙自己的"小生意",种自己的"自留地"。吴友凤作为一名年轻共产党员,她以实际行动诠释着共产党员的初心使命,折射出爱岗敬业、勤奋好学、敢于迎难而上、勇于担当的养老服务业带头人,她处处以党员的模范行为激励着银杏树养老团队的建设。

无信仰没精神,不学习没力量。搞好党员的管理教育,严格党的组织生活。组织党员读原著、学原文、悟原理,围绕《治国理政》《习近平新时代中国特色社会主义思想学习问答》以及习近平总书记系列重要讲话精神,开展学习研讨,不断增进政治认同、思想认同、理论认同、情感认同。尤其是"40""50""60"有文化的老人们,他们对习近平总书记谈"治国理政"感触特深。一位退休干部以自己的亲身经历深情地说:"习近平总书记有关治国理政的理论使国家强起来、人民富起来、环境美起来,这是中华历史上的伟大里程碑。习近平的家国情怀、民族情怀、文化情怀、英雄情怀、山水情怀、三农情怀、人民情怀,坚持人民至上,始终把人民群众放在心中最高位置,总书记用心倾听群众的诉求,用情回应群众呼声,用力解决群众难题。算好'民生账'、办好'民心事',以伟大的历史担当精神、超常的政治智慧,推出一系列科学而又务实的重大举措,战胜一系列重大风险和挑战,解决了许多长期悬而未决、决而不断、断而不行、行而无果的社会以及民生难题。"老人家以"事非经过不知难,成如容易却艰辛"告诫年轻人,没有比较就没有鉴别,没有对比就不知珍惜。十八大以来,以习近平同志为主要代表的中国共产党人,顺应时代发展,从理论和实践结合上系统回答了中国之问、世界之问、人民之问、时代之问。

员工有信仰,发展有方向,企业有希望。2019年11月25日下午,支部书记吴友凤同志在会议室召开党员"四重四亮"动员会及专题学习活动。"四重"是指重读入党志愿、重温入党誓词、重忆入党经历、重问入党初心;"四亮"是指党员亮身份、服务亮承诺、工作亮标准、担当亮作为。银杏树支部党员们结合各自业务工作特点,从主题教育促进工作服务质量、理论联系实际、敢担当有作为、讲奉献淡名利等方面表达了作为共产党员的初心以及作为为老服务人的初心。通过分享、交流学习心得体会,大家更加强化了对主题教育学习活动意义的认识,更加清醒地认识到奋斗目标赋予每位党员同志的责任与使命。

一、边学边做,营造敬老浓厚氛围

在开展为老服务工作中,党支部采取传统宣传和新媒体宣传相结合的方式,在线上先后发布了"50岁、60岁老年人该做何体检""清明祭扫防火安全提示"等信息,在线下张贴各类为老服务公告100余张,同时利用LED电子屏等大力宣传开展为老服务的重要意义。同时,支部组织社区工作者前往70岁以上高龄老年居民家中,听民声、听民意,用实际行动诠释尊老爱老的中华传统美德,带动更多的小区居民关注并参与到社区为老服务工作中来。

二、整合资源,搭建为老服务平台

支部还特别邀请了眼科医院、社区卫生服务中心工作人员为老年人开展眼科、糖尿病、高血压、肿瘤筛查等健康体检,累计服务老年人569人次。此外,支部多次邀请老师、老年大学志愿者为老年居民开展智能手机培训课,教老年居民如何使用QQ、微信等,累计服务人数达326人次,切实提高了老年居民智能手机的利用率,提升了老年居民的生活品质。

三、"99"公益助残活动

面对当前疫情持续散发多发形势,恐惧的心理如何化解,如何避免"心理红码"？2022年11月10日上午,银杏树党支部组织开展了残疾人心理支持与疏导训练活动主题。通过夹弹珠、烙画等训练,促进残障人士手脑协调能力的恢复与提高；培养美学知识和美术绘画技能,并通过握持烙铁控制熨烫的轻重深浅,达到康复训练的目的；增强他们的自我价值感；促进其走向就业岗位。银杏树党支部按照"抓党建、促业务、稳民生、谋发展"的工作思路,紧扣"全面建成小康,残疾人一个也不能少"的目标,努力把党建工作优势转化为帮、带、教的工作效能。

四、抗击疫情见真情

一名党员就是一面旗帜、一项标杆,要时时处处发挥党员的先锋模范和带头作用,在工作中,兢兢业业,认真负责,以公益创投项目的形式,始终坚定走在为老服务第一线,努力奋进,为更多的老人服务。在三年的疫情防控期间,坚持不懈地加强养老机构的管理,同时为有需要的老人解急难,上门服务老人。党员积极参与到社区防控志愿行动中。在养老院封闭管理期间,党员职工积极报名和带头,封闭在院内连续数日舍小家为大家,24小时守护老人。在探访孤寡"空巢"老人的服务中,党员们带头,深入老人家庭,给独居老人提供送餐、送药等服务。在老人防诈骗宣传工作中,和社区党组织对接,积极邀请社区老党员给老人宣讲防骗。

五、扎实开展组织生活会

2021年7月1日早上8:00银杏树党支部分区分片组织观看《百年风华再起新程》。观后深受教育和启迪,这是一个充满庄严感和自豪感的伟大历史时刻,共产党人使命"为中华民族伟大复兴""为人民谋幸福",结合银杏树养老服务工作"让老人享有美好晚年",党支部工作与企业"至诚、至爱、至善、至美"的为老服务宗旨和理念结合起来,始终坚持"让长者过上有品质的晚年生活,为心中有爱的人搭建释放爱的平台",积极探索为老服务新模式。

2021年7月20日下午在星火路办公室二楼会议室银杏树党支部开展组织生活会。集中学习总书记在党史学习教育动员大会上的重要讲话和党中央指定的学习材料,重点学习总书记在庆祝中国共产党成立100周年大会上的重要讲话。党支部委员之间、党支部委员和党员之间、党员和党员之间要交心谈心,相互提醒、交流提高并深刻检视剖析自己。

六、管理者自我管理与团队建设

俗话说,"没有不努力的员工,只有不作为的头头"。机构需要建立良好的环境氛围以及工作氛围以激励新员工积极努力奋斗、实现自身价值。当员工对机构有着浓厚的感情时,他们可以全身心地投入工作中;当员工对机构感情淡漠时,对工作没有积极性时,那么这个员工很容易"跳槽",会被其他养老机构"挖走"。

养老机构靠什么凝聚人心?当然是靠领导的威信,所谓威信,不是自吹自擂,也不是被别人吹捧,而是靠自己的日常以身作则、以德立身表现建立起来的。权威可以用言行影响员工,在机构内部形成强大的向心力。养老机构领导人的道德、行为和作风,直接影响这个机构的发展。自古以来,我们就尊重有道德的人。领导者只有心、言、行、身端正,才能赢得员工的尊重,成为员工的贴心人。

七、人不孝顺遭唾弃,不懂感恩不成事

万州领导选择南京银杏树养老服务公司,选择吴友凤,笔者(老关)十分钦佩万州领导们的眼光睿智、见解独到。笔者对吴友凤创办银杏树养老院一事的前前后后可谓一清二楚。吴友凤原来是南京一家大型企业医院的护理工作人员(部门主管),工作条件好,待遇也不低。记得那是2005年,笔者在南京某创业园(德国援助的中国妇女下岗再就业项目)当顾问。一天,小吴向我咨询创业一事,我了解了其工作、单位、待遇等情况后,不建议她下岗创业。后来德国专家米夏埃拉·鲍尔博士(女,"中德项目"德国专家)通过翻译也表示"这是女性下岗再就业"。后来,小吴还是辞职——与"南京真美好养老院"合作在南京市镇江路创办第一家民办养老院。亲朋好友的看法基本上是"反对""不同意""没必要"。第一次创业(从选址、装修到培训员工、到公园宣传、向老人介绍养老院情况等等)、第一次独自经营民办养老院,投进的是真金白银,投入的是岁月年华,投向的是市场风险。

吴友凤自从选择养老服务这一行业,她就"情定终身",把这个行业看得很重,热爱本职工作,热爱养老事业。为增强所有员工的责任感和危机感,吴友凤以身作则,不仅自己勤奋学习,努力工作,而且带领银杏树团队经常组织开展"爱岗敬业"专题培训活动。下面介绍几个案例,看看银杏树家园的员工是怎么说的以及怎么做的,听听社会人对银杏树是怎么评价的。

党员陈妹被总公司授予2022年度银杏树家园金牌表彰。陈妹说:"只有坚持银杏树'至诚、至爱、至善、至美'的服务理念,只有大家相互取长补短、高效专业,知人善用,才能把机构打造得更强。"作为行政主任,她是这样说的也是这样做的。

陈妹自2018年9月来到银杏树养老服务中心工作以来,默默地在服务行业做好本职工作,先后在财务、行政管理岗位上工作,结合总部领导的要求把六合中心财务从无到有、从粗到精,做到财务规范化、制度化,形成自己特有的一套工作形式。她专业知识过硬,做到所学为所用,做事有原则、有风格。陈妹作为党员,她不仅在工作上吃苦耐劳,而且做到处处以身作则,真正做到自己就是一块砖,哪里需要哪里搬。在做政府照护项目服务期间,除了前期信息整理汇总以外,她还在缺少人手的时候自己开车去距离远、不方便上门服务的老人家里做服务,帮助老人。

杜吴娜大学毕业后就进入养老服务业并坚持至今,她表示还将继续做下去,在实现自己价值的同时,让身边的人都有价值。她组织服务铁军人才培训,第一批成员有杜吴娜、李雪娜、彭佩芝、史晨艳、张军等人,接着是发展第二批服务铁军人才,实现人才梯队、异地联动、联盟共建等活动。

付慧琴是江苏经贸职业技术学院老年服务管理专业毕业的学生,也是吴友凤的学生,她毕业后即入职万州银杏树养老服务有限公司。公司非常注重对她的培养,积极提供平台让她锻炼。组织她和李小康参与万州区护理员大赛。在参赛的过程中,公司聘请专业老师给付慧琴以及李小康开展强化训练。最终,1996年出生的付慧琴获得万州区护理员大赛第一名,1998年出生的李小康获得第三名。付慧琴和万州区行业里其他三名选手代表万州区到重庆市参加全国护理员大赛的选拔赛,最终获得重庆市护理员大赛二等奖。

王春生秘书长是这样评说的:"银杏树品牌彰显银杏树人的品质,承载并见证银杏树人为老服务的历程及'坚韧不拔、自强不息;质朴无华,和睦友善;多予少取,无私奉献'精神,致力于让每一位老人在银杏树家园享受'至诚、至爱、至善、至美'专业服务和贴心照护,健康长寿,乐享天年。"

在万州农村敬老院改革中,有一批中共党员、老院长们发挥了积极作用。特别值得表扬的是九池敬老院的周世银院长,他也是九池街道场上的社区书记。他在敬老院院长岗位上工作多年了,曾获得很多荣誉称号。他是万州区的人大代表,也是"敬老爱老助老模范人物"。

周世银,男,57岁,中共党员,原九池乡敬老院院长,现重庆黄角树养老院服务有限公司九池养老服务中心院长,九池乡下场社区支书、主任。2007年1月,周世银被任命为九池乡敬老院院长。2020年4月,万州区民政局与南京银杏树养老服务有限公司签订"公建民营"协议,九池敬老院被确定为试点院点。周院长积极配合,协调各方面关系,协助公司对九池敬老院的硬件设施、安全管理、护理培训等进行提升,使院内的老人生活条件得到进一步改善,改制成果得到了市、区领导的高度认可。

周世银担任院长以来,坚持敬老、爱老、助老及无私奉献的工作理念,不怕苦、不怕累、善干、诚干的工作作风,通过十多年的勤奋、踏实工作,以大爱精神和让每位困难群众(五保老人)吃住在院内放心、舒心、开心,过上和谐、美好的生活为目标。多年来,他坚持以老人为本,勤勤恳恳、任劳任怨地为"五保"老人服务。"五保"老人的冷暖他时刻记挂心上,院内事务常常亲力亲为。银杏树团队来到万州开展工作近三年的时间,和周院长相处如同家人,相互关心,相互帮助。周院长被大家推选为片区的总院长,在他的带领下,各院的工作凝聚力都在逐步往上提升,老人的满意度也越来越高,社会效益和经济效益都上了一个新台阶。银杏树团队在九池敬老院试点工作过程中,每天晚上七点钟召开培训交流会,首先听取周院长对院点提升的建议,由周院长去感召低龄的老人共同参与培训,经过40多天的交流和培训,大家在认识上达成一致,有共同的使命,行动上更是步调一致。

在敬老院提档升级过程中,有一位失智老人,在接院之前就已经走失了。周院长带领各院的院长和员工连夜去寻找老人,逐户敲门、看监控,直到第二天凌晨才把老人找回。周院长的精神让大家非常感动,都称赞他是个好党员、有责任心的好院长。为了敬老院的建设,为了让五保老人能过上幸福的生活,再苦再累的活他都争着干,深受五保老人爱戴,受到区民政局领导多次表扬。他多次被评为敬老院建设先进个人,2020年获得全国"敬老爱老助老模范人物"光荣称号。

榜样的力量是无穷的,精神的力量是伟大的。银杏树服务到哪里,党建工作就跟进到哪里,党员的模范作用就会出现在哪里。这就是心中有信仰、学习有榜样、行动有方向、脚下有力量。

【权威金句】

☆"基层是党的执政之基、力量之源。只有基层党组织坚强有力,党员发挥应有作用,党的根基才能牢固,党才能有战斗力。开展'两学一做'学习教育,要把全面从严治党落实到每个支部、每名党员。'两学一做'学习教育,基础在学,关键在做。要突出问题导向,学要带着问题学,做要针对问题改,把合格的标尺立起来,把做人做事的底线划出来,把党员的先锋形象树起来,用行动体现信仰信念的力量。要整顿不合格基层党组织,坚持和落实行之有效的制度。要针对新情况新问题严肃党内政治生活,以改革创新精神补齐制度短板,真正使党的组织生活、党员教育管理严起来、实起来。"

(习近平在"两学一做"学习教育工作座谈会上的重要指示)

第二节　感恩付出,在得失中成长

吴友凤一直有个心愿——为养老事业多做些事,想有个较大的平台,多培养一些养老服务人才。她在一位熟人的介绍下与某大型公司合作办养老院。吴友凤为新合作组织忙前忙后,出资出力。她一心一意为了新机构,然而,她的一片热心、一腔热血、一番努力、不怕苦和累的好心善举却被一些人钻了空子。新的养老机构还没有运营就夭折了。在创业路上,必然会遇到很多意想不到的难题,也会遇到各种各样的人,如果是前怕虎,后怕狼,左怕魔,右怕怪,那么什么事情也做不成。虽然受到挫折,但不能丧失意志,从中汲取教训,跌倒之后忍痛爬起来,这就是吴友凤的性格和品格。

人生之路是由希望和失望铺筑而成的,不可能总是一帆风顺。因为人不能在人生路上跳着走,那是一种畸形的人生。希望是一种宝贵的精神财富,常常是从失望里提炼出来的。失望并不可怕,怕的是不会"化坏事为好事"。为了养老事业,吴友凤调整思路,由原来瞄准"重资产"转向瞄准"轻资产"。吴友凤创办养老院之所以成功,现在回头来看,这不是"运气",也不是"福气",这与吴友凤的人品、人格有前因后果的关系。

吴友凤出生农村,具有农村人的朴实善良、真诚能干、不怕苦累的品质。吴友凤在父母眼里是个孝顺的乖孩子,在婆婆眼里是个好媳妇。节假日或是出差回南京,她总是驱车苏北看望自己的父母,即使是炎夏酷暑、冰天雪地她也要去看看。女儿是父母的小棉袄,孝敬自己的父母,这是人间常事,是应该的、必须的。婆媳关系历来是中国家庭关系的热点话题。吴友凤与她的婆婆关系亲如母女。每次小吴出差,婆婆(退休前是某医院检验师)总是要熬一锅营养汤给小吴补补身子。每当小吴下班晚回家,婆婆要么等媳妇回来一起吃饭,要么把饭菜放在锅里保温,生怕媳妇吃不好,担心她忙坏身体。这种多年如一日、融洽相处、相敬相爱的婆媳关系堪称模范婆媳。

【延伸阅读】

知足感恩,付出是福。吴友凤在"真美好"那段时间里,付出了很多很多。难点是老人入住问题,怎么能让老人来入住呢?邀请什么样年龄的老人入住?养老院是否有市场营销呢?此时,南京养老界"达人"韩品媚在南京开办"养老院长培训班"(笔者受邀讲授养老市场营销课)。这种课在当时、在全国尚属探讨。韩品媚之所以受到全国养老界尊崇,在于她敢于"第一个吃螃蟹"。如"社区养老服务"是她第一个提出的,第一次付诸实践(在南京五条巷办娱乐班、盲人按摩、送餐等服务)。当时这项服务属于有需求无先例,纯粹是"摸着石头过河"。所有开支主要是韩院长自己掏腰包。据韩院长说,2001—2005年(做社区服务)基本没有经费,大多是自己掏腰包,每年投5万~10万。前前后后共投了100多万(她下岗期间在南京银桥大市场做生意赚的钱)。直到2009年,南京才有了政策。在做社区养老服务期间,当时的鼓楼区民政局局长张晓强压缩办公经费,全力支持韩品媚。南京养老工作之所以在全国有点名气,与南京"第一代"做养老服务的"开疆拓土"者们的执着精神有关,与张晓强这样"不忘初心、牢记使命"的政府官员支持有关。像吴友凤这一批属于第二代养老服务新秀,其成长既有内因也有外因,环境氛围影响着吴友凤这些第二代年轻人的成长。"奔八"的韩品嵋至今还奔波在养老服务第一线。同样年龄的高岛先生因种种原因解散了自己创办的养老院,他现在经常在别家养老院做义工。人心是杆秤,历史最公正。南京老人始终感谢为养老做过贡献的张晓强局长,感谢第一批创办养老院的高岛院长、韩品嵋院长等。银杏树没有忘记为养老界做过贡献的人,吴友凤感谢南京第一代养老人给予她创业机会和成长条件。她感谢与真美好合作的时光,她是个感恩知足的人,对师傅、对长者、对生活、对工作充满激情、阳光和乐观。

笔者认为,只有感恩的人,感恩父母,感恩长辈,感恩天地万物,感恩同事朋友,才能成就自己,成就事业,才能做一个合格的养老护理员、一个优秀的养老机构领导人。

第三节　打造人才平台,为万州养老积蓄力量

农村敬老院改革,是应对人口老龄化的重要举措,是国家的一项重大战略任务。做好这项工作,有赖于实践的摸索,有赖于社会各方面的共同努力,有赖于理论上的探讨、总结。农村养老服务既需要加强顶层设计,打通政策创制的"最先一公里",更需要推动基层执行,解决政策落实的"最后一公里"。南京银杏树养老服务公司在万州敬老院改革上创新服务,逐步形成了适合偏远敬老院以及经济并不怎么发达的农村养老服务模式。因此,银杏树打包委托运营万州区敬老院成功入选2020年全国(民政部、国家发改委)"公建民营"养老机构改革优秀案例。

一、以实战为例,开展教学工作

吴友凤边开养老院,边到高校讲学,边学习。2008 年,应唐东霞老师邀请,首先到南京应天学院讲课,2010 年接受江苏经贸职业技术学院茆永福教授邀请,为"老年服务与管理专业"的学生授课。为了加快养老服务人才队伍建设,促进养老事业的发展,吴友凤在银杏树连锁机构不拘一格用人才,2018 年破格提拔一批刚从高校毕业的学生作为养老机构负责人,在岗在职培养,在实践中锻炼成长。校企合作,推动学有所用。吴友凤专注人才培训工作,得到同行的认可和上级领导机构的好评,并推荐她担任南京市养老福利服务协会副会长、养老服务技能培训专委会主任。

吴友凤十分重视校企合作,2021 年 6 月,在南京城市学院开展宣讲,组织协会成员单位 20 余家,参加学院双选会,为会员单位招聘实习生 40 余人。到了万州(2021 年 12 月),她在重庆三峡医药高等专科学校开展企业宣讲会。2022 年 6 月推动万宁双城联动,共谋养老发展,重庆三峡医药高等专科学校与南京市社会福利服务协会签订了校企合作协议,南京市社会福利服务协会与重庆市万州区养老福利联合会签订了行业共建的合作协议,为辐射和带动两地养老事业同步提升而努力。

【延伸阅读】

最近国家在完善养老人才培养方面出台了很多政策,教育、人力资源社会保障、民政部门支持高等院校和中等职业学校增设养老服务相关专业和课程,扩大人才培养规模,加快培养老年医学、康复、护理、营养、心理和社会工作等方面的专门人才,制定优惠政策,鼓励大专院校对口专业毕业生从事养老服务工作。充分发挥开放大学作用,开展继续教育和远程学历教育,依托院校和养老机构建立养老服务实训基地。加强老年护理人员专业培训,对符合条件的参加养老护理职业培训和职业技能鉴定的从业人员按规定给予相关补贴,在养老机构和社区开发公益性岗位,吸纳农村转移劳动力、城镇就业困难人员等从事养老服务。养老机构积极改善养老护理员工作条件,加强劳动保护和职业防护,依法缴纳社保,提高职工工资福利待遇。养老机构设置专业技术岗位,重点培养和引进医生、护士、康复医师、康复治疗师、社会工作者等具有执业或职业资格的专业技术人员。民政部《关于鼓励民间资本参与养老服务业发展的实施意见(民发〔2015〕33号)》指出:支持职业院校设立养老服务相关专业点,扩大人才培养规模;加快发展养老服务专科本科教育,积极发展养老服务研究生教育,培养老年学、人口与家庭、人口管理、老年医学、中医骨伤、康复、护理、营养、心理和社会工作等方面的专门人才。拓展人才培养渠道,打通技术技能人才的培养发展通道,推进医学专业外其他适宜专业的"3+2"、五年一贯制等中高职一体化人才培养。编制实施《全国老年教育发展规划(2015—2020年)》。充分发挥开放大学作用,开展继续教育和远程教育,进一步提升养老服务从业人员整体素质。依托职业院校和养老机构等,加强养老护理人员培训,对符合条件参加养老照护职业培训和职业技能鉴定的从业人员,按规定给予补贴。允许符合条件的医师到民办养老机构、医疗机构开展多点执业。鼓励民办养老机构引入社会工作人才。对在民办养老机构就业的专业技术人员,其政策与公办机构相同的执业资格、注册考核政策。

二、团队强不强,就看领头羊

早在2012年银杏树被南京市浦口区民政局引进,创建了郊区县第一家养老服务综合体和虚拟养老院,为浦口区农村老人开展助餐、上门护理、日托、全托及线上呼叫服务。自此,吴友凤就关注农村养老服务人才培训工作,此后银杏树在南京浦口区以及江北新区以及六合区以及江苏淮安、安徽宿州等地拓展农村养老,吴友凤把培训人才列为各项工作之首。银杏树以"产业发展"为规划,复制"以机构为依托,辐射社区居家养老"的轻资产运营模式,实现品牌化、连锁化、产业化发展,当时拥有团队成员 280 名,其中医务和社工及管理人员 45 人、中高级护理员 52 人。银杏树"依托机构养老拓展社区居家养老",以"至诚、至爱、至善、至美"的服务理念,现总床位超 3 000 张。社区养老服务就餐、日托、活动等上门服务老人已有万人。更难能可贵的是银杏树所到之处,都为当地培养接班人才。现在这些人有的担任公司总经理、副总经理、部门主管、部门经理、分院长等,如李雪娜、杜吴娜、彭佩芝、张小美、鲁爽、水恒丽等人。银杏树从一个养老院发展到江苏、安徽、重庆等多家养老机构,在这些人才中,多为"80""90"的后生,现在都成为银杏树的骨干力量。

培养新人,乐于助人。在吴友凤创业这段路上,她帮助很多想创业的年轻人,比较突出的例子是帮助小水姑娘创办芜湖养老院。这种帮助没有任何条件,可以说是纯粹的、无私的帮忙。这种乐于助人的热心肠、只做好事不张扬、不图回报的精神令人钦佩。

【权威金句】

☆ "我们坚持发展是第一要务、创新是第一动力、人才是第一资源,确立人才引领发展的战略地位,发挥重大人才工程牵引作用,深化人才发展体制机制改革,激发各类人才创新活力,各地区各部门抓人才工作的积极性和主动性前所未有,事业发展和政策创新为人才营造的条件前所未有,人才对我国发展的支撑作用前所未有,中华大地正在成为各类人才大有可为、大有作为的热土。"

(习近平在中央人才工作会议上的讲话)

第六章 标准化运作 个性化服务

【概述】

农村敬老院改革,探索发展互助养老模式,这是农村养老创新之路。南京银杏树公司托管万州农村敬老院后,创新推出老人"自助＋互助＋N"的养老模式,鼓励低龄且身体较好的老人采用自我照料,或通过培训参与照护其他失能、半失能老年人,实行"服务积分制度",引导在院老人发挥专长,通过参与院内种植、养殖、环境维护、安全保卫等活动积分换取生活用品,有效调动老人支持、参与运营管理的积极性与主动性,为养老并创造出服务农村养老的新模式。

农村敬老院改革,涉及方方面面的问题,如迁徙合并、提档升级以及适老化改造等。由于过去养老机构建筑设计基本上是在无标准的环境下进行的,现在要在这个基础上进行改造,建筑设计除应符合一般建筑设计标准外,还应符合《老年人居住建筑设计标准》(GB/T 50340—2003),养护型养老机构建筑设计还应当符合《老年养护院建设标准》(建标〔2010〕194号)。

针对自理老年人、半失能老年人、失能老年人等不同类型的老年人群体的养老需求,以及老人身体衰退和生理、心理状况及养护方式,进行个性化、人性化改造,一切方便老人,一切为了老人,为老人营造一个安全、舒适、方便的居住环境,体现出对老年人细致的关怀。

重庆市及万州区委、区政府对农村敬老院公建民营改革,主旨是"整体规划、分区安置、集中供养"的养老新模式,有效实现区域养老资源的集中调配,而整体规划实现了区级层面敬老院统筹性的集约化、专业化发展,让更多的老人能实现"在乡享老"梦想,在一定程度上解决了部分农村养老供需不平衡的矛盾。

【权威金句】

☆ 健全服务网络。要完善农村养老服务托底的措施,将所有农村"三无"老人全部纳入五保供养范围,适时提高五保供养标准,健全农村五保供养机构功能,使农村五保老人老有所养。在满足农村五保对象集中供养需求的前提下,支持乡镇五保供养机构改善设施条件并向社会开放,提高运营效益,增强护理功能,使之成为区域性养老服务中心。依托行政村、较大自然村,充分利用农家大院等,建设日间照料中心、托老所、老年活动站等互助性养老服务设施。农村党建活动室、卫生室、农家书屋、学校等要支持农村养老服务工作,组织与老年人相关的活动。充分发挥村民自治功能和老年协会作用,督促家庭成员承担赡养责任,组织开展邻里互助、志愿服务,解决周围老年人实际生活困难。

(《国务院关于加快发展养老服务业的若干意见》,国发〔2013〕35号)

第一节 破解农村养老难 从"改"字入手

为有效破解农村养老难题,万州区开展"我为群众办实事"实践活动,其中体现在养老问题方面的行动,主要是万州区民政局聚焦群众养老需求,积极推进"老年人照顾服务计划",从"改"字入手,在设施设备改造升级、养老服务模式创新、养老服务体系完善等方面下功夫,保障基本、多元推进、创新机制,扎实提高养老基础设施建设和服务水平,深入推进养老服务业持续健康发展,不断增强老年人的获得感和幸福感。

2020年万州区民政局已对部分符合条件的敬老院实施了"三改"行动,实现了城区全覆盖,所谓"三改"即对敬老院热水供应系统、老人房间标准化、公共洗浴间适老安全化进行升级改造。通过万州区民政局在敬老院实施的"三改"行动,以及农村失能特困人员集中照护机构一体化建设,农村敬老院的基础设施不但得到了升级,还设置了文化教育、休闲娱乐、托养护理、生活照料等功能区,农村敬老院入住老人的生活质量得到显著提高。为补齐短板,提升全区养老服务质量和水平,在"我为群众办实事"实践活动中,万州区民政局将逐步转变重点,之后将把重点放在乡镇敬老院的改造升级上。

【延伸阅读】

据《万州时报》:为了让特困老人过上安全、舒适、便利的高质量晚年生活,万州区根据实际情况,选出双河口街道、高峰镇、响水镇等地的8家敬老院实施"三改"行动,对其基础设施条件进行升级改善和提档升级。据区民政局消息,目前敬老院均已完成改造,入住老人的生活品质、幸福指数得以全面提升。通过开展农村敬老院"三改"行动,有效地推进农村敬老院提档升级,增强农村养老服务能力,促进养老服务重要制度、重要机制基本成型,并让入住敬老院的特困老人拥有更多的获得感和幸福感。农村敬老院改造、提档升级要做到群众欢迎、有法可依、按章办事:

一、要符合《老年人居住建筑设计标准》(GB/T 50340—2003)

养护型养老机构建筑设计应当符合《老年养护院建设标准》(建标〔2010〕194号)。根据养老机构入住人群的特点、提供服务内容的特点以及经营管理的特点,养老机构建筑改造要遵循以"老人为本"的原则。

二、无障碍设计原则

入住老年人都会出现不同程度的功能障碍,甚至残疾,因此,养老机构建筑设计必须充分考虑老年人的身体状况,以确保老年人活动的无障碍性。如针对行动有障碍的老年人,应在走廊间设置扶手和休息区域以便稍事休息,室内场所应该平坦而无高低差的台阶,同时,要考虑斜坡的设置和足够的室内及过道空间等以保证轮椅的方便使用。针对视觉障碍的老年人,要保证室内空间的明亮,对一些需要引起注意的安全和交通标志,要在醒目位置上用清晰易辨的颜色标识出来。地面做到平整防滑,有利于弱视者的行走安全,以及探路手杖的使用。针对听觉障碍的老年人,则要尽可能地降低噪声,窗户要严封,可采用吸音系数较高的装饰材料,从而减弱噪声对室内的影响。

三、安全性原则

安全性是养老机构建筑设计中一个非常重要的原则,它直接关系到老年人的人身安全,必须十分重视。在进行设计或改造时,不仅要考虑到常用设施如门窗、家电等易于操作性,还要保证它们对老年人的安全性。同时,根据老年人的行为习惯以及身体特点，使老年人活动的空间具有很好的可达性，加强安全措施的运用，如卫生间、浴室扶手的设置，地面防滑的设置，急救按钮的设置等。为提高安全性，主卫应尽可能靠近卧室从而减少老年人行动的距离。

四、可选择性原则

养老机构要创造多样性的居住场所，为老年人提供多种可选择性，满足不同老年人不同的居住方式需求。要保证私密性，老年人需要一个属于自己、不被干扰的空间，就必须确保个人的隐私权。要遵循心理学和社会学的基本原则，尽可能多地为老年人设计相互交往的空间，提供交流的机会，减少老年人的孤独感，益于老年人的心理健康。如在设计改造中可考虑结合门厅、过厅、电梯厅等设置各种公共交往空间，为老人们提供休息和增加互相交流的公共交往空间，满足老年人不同的交际需求。

五、全面规划设计改造原则

随着老龄化问题的日益加剧，失能失智老人数量攀升。对老人的照护是一项具有长期性、综合性和专业性的工作。养护型养老机构建设应充分体现失能失智老年人专业照料机构的特点，满足对失能失智老年人生活照料、保健康复、精神慰藉、临终关怀等方面的基本需求，做到设施齐全、功能完善、配置合理、安全适用。如老年人生活用房宜与卫生保健、康复、娱乐、社会工作服务等设施贯连，单独成区，并应根据便于为失能失智老年人提供服务和方便管理的原则设置养护单元，养护单元内应包括老年人居室、餐厅、沐浴间、亲情交往室、心理咨询室、护理员值班室、护士工作室等用房。

第二节　适老宜老　设施决定服务质量

【实操手册之一】

针对养老中容易遇到的摔倒、生活不便等难题，适老化改造应运而生。通过对老年人的生活环境进行适当改造，让老年人拥有一个安全、便利的生活场所。2020年7月，民政部、国家发改委等9部门联合印发《关于加快实施老年人居家适老化改造工程的指导意见》，推动各地改善老年人生活照护条件，提升养老服务质量，全国各地都做出了有益探索。从某种意义上说，设施、设备改造是否好坏决定服务的高低差别。改造旧有的敬老院，要有适老化理念。随着老人身体机能的退化，熟悉的地方也会出现这样那样的"不方便"。适老化改造不是普通的家庭装修，要根据不同老人的居住环境和生活习惯分类改造、量身定制。

一、室外台阶、踏步和坡道

（一）步行道路有高低差的地方、门口与室外地面有高低差处应设计坡道。室外坡道的坡度不应大于1/12，每上升0.75 m或长度超过9 m时应设平台，平台的深度不应小于1.50 m并应设连续扶手。

（二）台阶的踏步宽度不宜小于0.30 m，踏步高度不宜大于0.15 m。台阶的有效宽度不应小于0.90 m，并宜在两侧设置连续的扶手；台阶宽度在3 m以上时，应在中间加设扶手。在台阶转换处应设明显标志。

（三）独立设置的坡道的有效宽度不应小于1.50 m；坡道和台阶并用时，坡道的有效宽度不应小于 0.90 m。坡道的起止点应有不小于 1.50 m×1.50 m 的轮椅回转面积。

（四）坡道两侧至建筑物主要出入口宜安装连续的扶手。坡道两侧应设护栏或护墙。

（五）扶手高度应为 0.90 m，设置双层扶手时下层扶手高度宜为 0.65 m。坡道起止点的扶手端部宜水平延伸 0.30 m 以上。

（六）台阶、踏步和坡道应采用防滑、平整的铺装材料，不应出现积水。

（七）坡道设置排水沟时，水沟盖不应妨碍轮椅通行和使用拐杖。

二、建筑物出入口

（一）出入口有效宽度不应小于 1.10 m。门扇开启端的墙垛净尺寸不应小于 0.50 m。

（二）出入口内外应有不小于 1.50 m×1.50 m 的轮椅回转面积。

（三）建筑物出入口应设置雨篷，雨篷的挑出长度宜超过台阶首级踏步 0.50 m 以上。

（四）出入口的门宜采用自动门或推拉门；设置平开门时，应设闭门器。不应采用旋转门。

（五）出入口宜设交往休息空间，并设置通往各功能空间及设施的标识指示牌。

（六）安全监控设备终端和呼叫按钮宜设在大门附近，呼叫按钮距地面高度为 1.10 m。

三、走廊

（一）公用走廊的有效宽度不应小于 1.50 m。仅供一辆轮椅通过的走廊有效宽度不应小于1.20 m,并应在走廊两端设有不小于1.50 m×1.50 m 的轮椅回转面积。

(二) 公用走廊应安装扶手。扶手单层设置时高度为0.80～0.85 m,双层设置时高度分别为0.65 m 和0.90 m。扶手宜保持连贯。

(三) 墙面不应有突出物。灭火器和标识板等应设置在不妨碍使用轮椅或拐杖通行的位置上。

(四) 门扇向走廊开启时宜设置宽度大于1.30 m、深度大于0.90 m 的凹廊,门扇开启端的墙垛净尺寸不应小于0.40 m。

(五) 走廊转弯处的墙面阳角宜做成圆弧或切角。

(六) 公用走廊地面有高差时,应设置坡道并应设明显标志。

(七) 老年人居住建筑各层走廊宜增设交往空间,宜以4～8 户老年人为单元设置。

四、公用楼梯

(一) 公用楼梯的有效宽度不应小于1.20 m。楼梯休息平台的深度应大于梯段的有效宽度。

(二) 楼梯应在内侧设置扶手。宽度在1.50 m 以上时应在两侧设置扶手。

(三) 扶手安装高度为0.80～0.85 m,应连续设置。扶手应与走廊的扶手相连接。

(四) 扶手端部宜水平延伸0.30 m 以上。

(五) 不应采用螺旋楼梯,不宜采用直跑楼梯。每段楼梯高度不宜高于1.50 m。

（六）楼梯踏步宽度不应小于 0.30 m，踏步高度不应大于 0.15 m，不宜小于 0.13 m。同一个楼梯梯段踏步的宽度和高度应一致。

（七）踏步应采用防滑材料。当设防滑条时，不宜突出踏面。

（八）应采用不同颜色或材料区别楼梯的踏步和走廊地面，踏步起终点应有局部照明。

五、卫生间

（一）卫生间与老年人卧室宜近邻布置。

（二）卫生间地面应平整，以方便轮椅使用者，地面应选用防滑材料。

（三）卫生间入口的有效宽度不应小于 0.80 m。

（四）宜采用推拉门或外开门，并设透光窗及从外部可开启的装置。

（五）浴盆、便器旁应安装扶手。

（六）卫生洁具的选用和安装位置应便于老年人使用。便器安装高度不应低于 0.40 m；浴盆外缘距地高度宜小于 0.45 m。浴盆一端宜设坐台。

（七）宜设置适合坐姿的洗面台，并在侧面安装横向扶手。

六、公用浴室和卫生间

（一）公用卫生间和公用浴室入口的有效宽度不应小于 0.90 m，地面应平整并选用防滑材料。

（二）公用卫生间中应至少有一个为轮椅使用者设置的厕位。公用浴室应设轮椅使用者专用的淋浴间或盆浴间。

（三）坐便器安装高度不应低于 0.40 m，坐便器两侧应安装扶手。

（四）厕位内宜设高 1.20 m 的挂衣物钩。

（五）宜设置适合轮椅坐姿的洗面器，洗面器高度 0.80 m，侧面宜安装扶手。

（六）淋浴间内应设高 0.45 m 的洗浴座椅，周边应设扶手。

（七）浴盆端部宜设洗浴坐台。浴盆旁应设扶手。

七、厨房

（一）老年人使用的厨房面积不应小于 4.50 m²。供轮椅使用者使用的厨房，面积不应小于 6 m²，轮椅回转面积宜不小于 1.50 m×1.50 m。

（二）供轮椅使用者使用的台面高度不宜高于 0.75 m，台下净高不宜小于 0.70 m，深度不宜小于 0.25 m。

（三）应选用安全型灶具。使用燃气灶时，应安装熄火自动关闭燃气的装置。

八、起居室

（一）起居室短边净尺寸不宜小于 3 m。

（二）起居室与厨房、餐厅连接时，不应有高差。

（三）起居室应有直接采光，自然通风。

九、卧室

（一）老年人卧室短边净尺寸不宜小于 2.50 m，轮椅使用者的卧室短边净尺寸不宜小于 3.20 m。

（二）主卧室宜留有护理空间。

（三）卧室宜采用推拉门。采用平开门时，应采用杆式门把手。宜选用内外均可开启的锁具。

十、阳台

（一）老年人住宅和老年人公寓应设阳台，养老院、护理院、托老所的居室宜设阳台。

（二）阳台栏杆的高度不应低于 1.10 m。

（三）老年人设施的阳台宜作为紧急避难通道。

（四）宜设便于老年人使用的晾衣装置和花台。

【实操手册之二】

居室、浴室、厕所应设紧急报警求助按钮。敬老院、养老院以及护理院等床头应设呼叫信号装置，呼叫信号直接送至管理室。有条件的可安装感应装置。活动室必须光线充足，朝向和通风良好，并宜选择有两个采光方向的位置。

一、通风

（一）卧室、起居室、活动室、医务诊室、办公室等一般用房和走廊、楼梯间等应采用自然通风。

（二）卫生间、公用浴室可采用机械通风；厨房和治疗室等应采用自然通风并设机械排风装置。

（三）老年人住宅和老年人公寓的厨房、浴室、卫生间的门下部应设有效开口面积大于 $0.02\ m^2$ 的固定百叶或不小于 30 mm 的缝隙。

二、隔声

（一）老年人居住建筑居室内的噪声级昼间不应大于 50 dB，夜间不应大于 40 dB，撞击声不应大于 75 dB。

（二）卧室、起居室内的分户墙、楼板的空气声的计权隔声量应大于或等于 45 dB；楼板的计权标准撞击声压级应小于或等于 75 dB。

（三）卧室、起居室不应与电梯、热水炉等设备间及公用浴室等紧邻布置。

（四）门窗、卫生洁具、换气装置等的选定与安装部位，应考虑减少噪声对卧室的影响。

三、隔热、保温

（一）老年人居住建筑应保证室内基本的热环境质量，采取冬季保温和夏季隔热及节能措施。夏热冬冷地区老年人居住建筑应符合《夏热冬冷地区居住建筑节能设计标准》(JGJ 134—2001)的有关规定。严寒和寒冷地区老年人居住建筑应符合《民用建筑节能设计标准(采暖居住建筑部分)》(JGJ 26)的有关规定。

（二）老年人居住的卧室、起居室宜向阳布置，朝西外窗宜采取有效的遮阳措施。在必要时，屋顶和西向外墙应采取隔热措施。

四、室内装修

（一）老年人居住建筑的室内装修宜采用一次到位的设计方式，避免住户二次装修。

（二）室内墙面应采用耐碰撞、易擦拭的装修材料，色调宜用暖色。室内通道墙面阳角宜做成圆角或切角，下部宜做 0.35 m 高的防撞板。

（三）室内地面应选用平整、防滑、耐磨的装修材料。卧室、起居室、活动室宜采用木地板或有弹性的塑胶板；厨房、卫生间及走廊等公用部位宜采用清扫方便的防滑地砖。

（四）老年人居住建筑的门窗宜使用无色透明玻璃，落地玻璃门窗应装配安全玻璃，并在玻璃上设有醒目标识。

（五）老年人使用的卫生洁具宜选用白色。

（六）养老院、护理院等应设老年人专用储藏室，人均面积 0.60 m^2 以上。

卧室内应设每人分隔使用的壁柜，设置高度在1.50 m以下。

（七）各类用房、楼梯间、台阶、坡道等处设置的各类标志和标注应强调功能作用，应醒目、易识别。

【实操手册之三】

服务好老人是养老机构经营的根本。服务意识有强烈与淡漠、主动与被动之分。服务意识如果是发自护理人员的内心，这才是真正的服务，才能做好护理工作。

要树立"服务第一"的意识，特别要增强细节服务意识。有句话叫"服务老人无小事，小事也是大事"。养老界曾经出现的事故，往往都出在小事上。护理工作无小事，必须十分注重工作中的细节，做到大事不含糊，小事不马虎，要从点滴入手。细节体现安全，细节体现质量，细节体现水平，细节体现效率，细节决定成败。要树立重视细节的工作理念，增强把握细节的本领。把老人关切的事情做好、做实、做细，增强老人获得感、幸福感、安全感。优化服务质量，提高护理水平。

一、生活照料服务

生活照料服务主要包括：

（一）穿衣，包括协助穿衣、更换衣物、整理衣物等。

（二）修饰，包括洗头、洗脸、理发、梳头、化妆、修剪指甲、剃须等。

（三）口腔清洁，包括刷牙、漱口、清洁口腔、装卸与清理假牙等。

（四）饮食照料，包括协助进食、饮水或喂饭、管饲等。

（五）排泄护理，包括定时提醒如厕、提供便器、协助排便与排尿，实施人工排便,清洗与更换尿布等。

（六）皮肤清洁护理,包括清洗会阴、擦洗身体、沐浴和使用护肤用品等。

（七）压疮预防,包括定时更换卧位、翻身、减轻皮肤受压状况,清洁皮肤及会阴部等。

二、膳食服务

（一）膳食服务至少应包括食品的加工、配送,制作过程应安全、卫生,送餐应保温、密闭。

（二）膳食服务提供者应由持有健康证并经过专业培训合格的人员承担。

（三）应配备提供膳食服务必要的设施与设备。

（四）应根据老年人身体状况及需求、地域特点、民族、宗教习惯制定菜谱,提供均衡饮食。

三、清洁卫生服务

（一）应包括环境清洁、居室清洁、床单位清洁、设施设备清洁。

（二）应设置专职岗位并配备相应的清洁卫生人员。

（三）应配备必要的设施、设备与用具。

（四）环境清洁包括生活区和医疗区的环境分类管理、生活和医疗垃圾的分类处理。

（五）环境、居室、床单位、设施设备应整洁有序、及时清扫。

（六）采取服务外包的方式时,应对服务质量进行监控。

四、洗涤服务

（一）洗涤服务包括织物的收集、登记、分类、消毒、洗涤、干燥、整理和返还。

（二）应配备相应的洗涤服务人员。

（三）应配备必要的洗涤设施、设备与用具。

（四）洗涤物品应标识准确，当面验清。

（五）采取服务外包的方式时，应对服务质量进行监控。

【实操手册之四】

老年护理服务应包括基础护理、健康管理、健康教育、心理护理、治疗护理、感染控制等。应由内设医疗机构提供或委托医疗机构提供；应由在内设医疗机构或委托医疗机构注册的护士承担、应配备必要的设施与设备；应遵医嘱；应执行医疗机构规定的护理常规和护理技术操作规范；应参照医疗文书书写规范进行记录；应参照对老年人能力等级评估的情况提供相应的护理服务；院内感染控制技术要求应符合《消毒技术规范》的规定。

一、如何选购适老化家具

每一款家具都有自己的一个成熟的适老化设计部分，所以敬老院家具的选购方法，也跟日常家具的选购方法不一样，那么敬老院的家具具体究竟应该怎么选购呢？

（一）选购椅凳的技巧。老年人使用的椅子、板凳，最好能带靠背，以托住人体脊柱，保持全身肌肉用力平衡，减轻劳累。椅凳的靠背板和椅面的宽度也要适中，否则久坐后由于血液循环受阻，而使足部温度下降，对身体健康不利。

（二）选购桌子的技巧。老年人用的桌子，既不宜过高，也不能太低。过高的桌子容易导致老年人的肌肉疲劳、脊柱侧弯、视力下降等病。长期伏案的老年人，还会造成颈椎病。过低的桌子则会使老年人感到书写不适，肩部疲劳、胸闷、起坐吃力等。

（三）选购沙发的技巧。在选购老年人的沙发时座位不能过低，否则坐下去和站立时就会感到困难。有腰痛病的老人，应选购带腰部支撑的，坐卧时感到舒服，有助于消除疲劳。同样，供老人使用的沙发也不宜选择过软的，往往令老人起立时感觉吃力。

（四）选购老人床。对老年人来说，床以硬床垫或硬床板加厚褥子为好。床的高度不宜过高或过低。床身可以做些抽屉，既方便又节省空间。

（五）家具选材注意事项。家具材料要环保、轻便。随着年龄的增长人的身体抵抗能力会慢慢下降，老年人的身体抵抗能力较差，所以在家具上要选择更环保的材质。普遍来说，天然的木、竹、藤等材料是比较环保的，有利于老年人的身体健康。另外这些材料制作出来的家具比较轻便，老年人要挪动家具也比较方便。

（六）家具颜色注意事项。在对养老院家具进行色彩设计时，应遵循低纯度、低明度原则，常用的色系有蓝、绿、黄、紫等，这主要是依据色彩的心理和生理效应来考虑的。但在实际运用这些色彩时，应适当降低其纯度与明度，因为人到老年大都形成了一种平和、宁静、沉着的性格，多喜欢低纯度、低明度的淡雅色彩。

（七）其他适老细节。老年人腿脚行动不便，适老家具需要具有协助老人起身站立的设计要点。对老人的站立有支撑帮助作用。马桶两侧最好安装扶手装置,方便老人起身下蹲。洗手台下方架空,方便轮椅可以更好地贴合洗手台。如若老人需要医药护理,医院对于老人的床铺,需要具升降、翻转、折叠和移动等功能。扶手栏床辅助老年人坐卧,让老年人起身变得更安全,更轻松。

浴室里的墙壁上及浴盆边沿需要安装扶手,浴室地面难免有水,扶手方便老人抓握,让老人更安全。

老年人的行为方式,对家具稳固性和安全性的要求,不能太高或太矮,否则不易操作。桌子及椅子转角处要圆滑处理等,保证全方位的安全措施。

适老家具在选材、尺寸和功能等方面,必须保证老人使用时既安全又便利。

（以上资料选自南京爱普雷德智慧养老 E 周刊）

第三节　色彩与养老服务

据资料,目前我国失能老年人超过 4 000 万人。农村老年男性和女性失能比例都高于城市。除了失能老人外,国家卫健委数据显示,我国 60 岁及以上老年人中约有 1 500 万失智患者,其中约 1 000 万是阿尔茨海默病患者,他们也将成为长期照料的重要需求方。

色彩在养老机构建设管理中经常被忽视,要么将养老机构按照医院色彩来设计,一律以灰白色系列为主格调,显得单调、清冷;要么按照星级宾馆来规划,灯光灿烂,色彩斑斓,令人头晕目眩。这两种色彩设计归纳起来就一句话:没有家的感觉。所以,医院和宾馆的色彩管理都不是养老机构的参照物。养老机构的色彩管理主要体现在人文关怀,即对老年人的人文关怀。

通常情况下,老年人常见疾病主要有神经系统疾病、心血管疾病、内分泌疾病等。随着年龄的增长,神经系统出现老化性的改变,也就是退行性病变,加之老年人容易患一些基础疾病,其他脏器可能会出现一定程度的退化,从而容易引起神经系统疾病,如阿尔茨海默病、帕金森等。随着心脑血管老化、视觉系统老化等,对颜色的选择和使用上也有一些特殊要求。

笔者(老关)好友丹麦华侨张定寿先生曾说过,绿色能提高人体免疫力。科学研究表明,色彩对预防老人失智和控制或延缓失智病情发展具有一定实践意义。浅黄色、淡绿色可以预防老年痴呆症。色彩直接影响着老人的心理和精神状态。色彩就像有机体,本身可散发出感觉,如黄色、红色让人感到温暖、活力;蓝色、紫色使人感到冰冷;白色明亮度高,感觉比较轻;黑色给人的感觉比较重;等等。在人们的感受中,色彩有冷热,有轻重,有软硬感。色彩改变生活,选择合适的色彩有利于老年人养生。养老机构如何将色彩运用到养老服务实践中,这将成为养老界热议的话题。

色彩直接影响老人的心理和精神状态。不同的颜色,在不同的场景里,对老人有着不同的影响。养老服务机构里常用的颜色大致如下:黑色——主要餐具,能促进失智人群进食;灰色——主要用于墙体;棕色——安定感;米色——缓解疲劳紧张;红色——活动场所;橙色——康复训练室;黄色——促进食欲,用于娱乐休闲室;绿色——促进身心安定,提升免疫力。

《生命时报》于 2010 年 11 月 2 日报道:老人房间多采用浅黄色和淡绿色

防止阿尔茨海默病。老年人选用墙面色彩时,应选用一些朴素而深沉、高雅而宁静的色彩,如米白、浅灰、浅蓝、浅棕、深褐等色调来调节平衡,利于休息和睡眠,消除疲劳,平息调养。配色以舒适为主,老人房间整个配色要以舒适为要,要注重情感交流和视觉的舒适性,所以一般来讲,老人房的用色以中性色为主。整体颜色不宜太暗,老年人视觉退化,室内光亮度应比其他年龄段的使用者高一些;不宜用太冷的色系,太冷的色系容易给老人一种孤独寂寞感,也不宜用刺激性颜色。老人身体健康状况的衰退会导致一些老年人出现常见疾病,如心脑血管老化、视觉系统老化等。老人喜爱宁静、整洁、安逸、柔和的居室环境,所以老人不宜使用过于鲜艳、刺激的颜色。但是在柔和不杂乱的前提下,可适当使用一两种跳跃的色彩让老人房增加一些生气,最好悬挂一些具有民族特色的中国画。

老年人使用的物品器具,多用橙红色。对于没有任何眼病的老人来说,在视力下降的过程中,他们会出现混淆黄色和绿色、蓝色和绿色、橙色和黄色的问题。究其原因,是眼睛晶状体的衰老,使其密度增加,因而容易将深色看得比较淡。另外,老年人的反应能力也会随大脑的衰老而变差,将颜色混淆。一些疾病更容易让老人产生颜色识别障碍。白内障是一种常见的老年眼病。一项研究表明,在我国有60%的60岁以上老人患有该病。这些人特别容易将白色误看做黄色,甚至棕色,对青色和黑色也难以区分。而患有视网膜萎缩黄斑变性的老人,会将浅色看成深色,严重出血的则看什么都是"万里江山一片红"。尽管老人对色彩的辨别能力下降,但老人对橙色和红色还是比较敏感。特别需要提醒的是,房间内的开关最好也贴上橙色或红色的标志,便于老人尽快找到,以减少跌倒的风险。此外,养老院装修时最好不要使用两种相近的颜色作衔接,如门用淡蓝色、墙用淡绿色,就非常容易让老人发生碰撞。同时,如果卫生间的墙壁是白色,那么老人的毛巾最好不要用黄色,这样不利于让白内障患者分辨,建议使用老人更敏感的颜色,或者与白色对比度大的颜色。由于老年人都有一定的生活习惯,如有的老人就是偏爱冷色调,喜欢大红色等,所以有时就算设计师提出的配色很科学,老年人也不一定能够接受。因此,配色不仅要科学,还要尊重老年人的生活习惯,不管怎么配,要以和谐为主。

第七章 服务创新 文化暖心

【概述】

什么是文化养老呢？说法很多，做法各异。通常来说，文化养老是指在为老年人提供物质赡养、生活照料的基础上提供的一种精神慰藉。文化养老就是以文化为主线，以活动为载体，以愉悦为目标，以文惠老，以文乐老，以文养老，提高老年人的生活品质。

银杏树家园在南京、淮安、万州、宿州等地相继开展"微课堂"（云修课）活动。2019—2020年开展线下特训团活动5场，2021—2022年开展线上/线下特训团活动17场，参与人次达千万级。银杏树家园文化养老活动曾被中央电视台《新闻联播》报道，如"众志成城抗击疫情，筑牢家园疫情防范的铜墙铁壁，为引领机构老人实现零感染而努力"。2021年1月15日，南京市鼓楼区福建路银杏树养老中心疫情防控工作被中央电视台报道；2021年10月15日，淮安居家中心工作被中央电视台报道等。

养老机构里面有很多文章可做。有人说，大学毕业了做护理员没有前途。错！不是没有前途，而是没有学到本事。笔者（老关）认为需要做的事很多,如老年心理研究、老年色彩心理研究、老年服装研究、老年饮食研究、老年睡眠研究、老年运动研究等等。需要研究的领域很宽、很广。因为这些研究需要实证、需要观察、需要案例、需要数据等。为什么现在研究这方面的人很少呢、因为没有实证,因为无法取得实证。南京大学出版社曾出版过《老年心理学概论》(2015年3月)。目前市面上出版的老年学教材,大多是舶来品,或是稀释后的欧美国家的教材。本国、本土的老年系列研究成果很少。暂时做不了"实证研究",是否可以做"验证研究"呢?社会上出现的一些健康疗法,是否真正有效?需要验证。谁来验证?养老机构可以胜任,大学生护理员可以胜任。因此说,文化养老内涵很丰富,领域很宽广。大学生做养老机构护理员不是没有作为,而是大有可为。

【权威金句】

☆"尊老",是中华民族的优良传统。早在两千多年前,孟子在回答齐宣王治国之道时,就曾提出:"老吾老以及人之老"。他把"尊老"提到了治国平天下的高度。在历朝封建统治阶级中,权势倾轧、父子血刃之类的事屡见不鲜。所谓"尊老",只不过是他们粉饰太平、笼络人心的手段。然而,世世代代的劳动人民,却始终把"尊老"奉为立身处世的大德,相沿成习。如今,"尊老"这一传统美德摒弃了其中的封建成分,增添了新的社会内容,成为社会主义精神文明的组成部分。中青年干部更应身体力行,做好表率。

(习近平《中青年干部要"尊老"》)

常怀敬老之心,倾注爱老之情,笃行扶老之事,使尊老敬老的传统美德重回中华大地,全社会大力弘扬,孝亲爱老蔚然成风。在中国进入人口老龄化社会的关键时刻,人口老龄化国情意识大大增强,老龄工作实招、硬招不断落地,中国迎接"银发浪潮"的步伐正在稳健推进。

第七章 服务创新 文化暖心

第一节 心理需求、心理沟通与心理支持

老年人的心理需求是多方面的,主要表现在以下几点:一是健康长寿的心理需求;二是安静的需求,需要一个安静的环境;三是和睦的需求,希望在晚年能够享受天伦之乐;四是求偶的需求,很想有人陪伴。

一、要了解老年人的心理需求

做养老人要重视和理解老年人的心理特点,解决老年人的正常心理需求,对稳定老年人的情绪变化、健康长寿有很重要的意义。老年人常见的心理需求有:一是健康的需求。这是老年人普遍存在的一种心理状态。人到老年,常有恐老、怕病、惧死的心理。二是依存的需求。人到老年,精力、体力、脑力都有所下降,有的生活不能完全自理,希望得到关心照顾、爱心护理、子女孝顺将会使他们感到老有所依。三是和睦的需求。老年人都希望自己有个和睦的家庭环境,不管家庭经济条件如何,只要全家和睦,邻居关系融洽,互敬互爱,互相帮助,老年人就会感到温暖和幸福。四是安静的需求。老年人一般都喜欢安静,怕吵怕乱。有些老年人就怕过星期天,这一天子女、儿孙都来了,乱嚷嚷地度过一天,对老年人来说,这样的星期天是"苦恼的星期天"。五是尊敬的需求。老年人离开工作岗位可能会情绪低落,如果得不到尊重,就会产生悲观情绪,甚至不愿出门,长期下去,则会引起抑郁和消沉,为疾病埋下祸根。六是工作的需求。退休的"低龄老人"大多尚有工作能力,他们很想为小区做事,尤其是看到自己小区物业管理混乱,这些老人便心急如焚,希望能为小区贡献余热。七是组织的需求。退休前有单位,有组织管理,

退休后心理落差大,无用、无聊、自卑等负面心理。这些老人正是市场上行骗者捕捉的对象。如果社区或是养老机构出面牵头组织活动,骗子一般不易得手。八是"老来伴"的需求。老年人丧偶、空巢,家庭生活寂寞,子女很难照顾,所以更显养老服务机构的重要性和必要性。

银杏树养老机构总结当好院长要有"五心":

1. 爱心 做一个称职的养老院长,要有"一半是工作,一半是爱心"的心态。视养老院的老人如同自己的父母,让老人在养老院感受到有家庭的温暖,受到亲人般的关怀、呵护。以"老吾老以及人之老"之心对待院中每位老人,并真心实意、尽己所能地、去为院里老人做好事、办实事。有位心理学家曾把工作观分为三种:第一种,把工作当"差事";第二种,把工作当"职业";第三种,把工作看成自己的"使命"。一个人的工作观,就是他的人生格局。俗话说:你混日子,日子混你,最后的输家是你自己。

2. 善心 养老院的工作烦琐枯燥而又复杂,累身又累心,既没有什么轰轰烈烈的大事业、大成就,也没有什么新鲜感。不仅如此,而且还要天天面对风烛残年的老人,心理十分压抑。这就是养老院留不住人的真实原因,这也是很多人不愿意当院长的真实心境。这种心态往往与年龄有关,与人生经历有关,与家庭教育有关,甚至与遗传有关。现实生活中,很多民办养老机构院长有善心,对老人实行亲情赡养助老,每天都是"一张笑脸、一声问候、陪聊天、陪娱乐",热情主动地照料入住老人的日常生活起居,积极帮助他们解决生活实际困难,让他们住得"安心",把入住老人当自己父母看待,无微不至地照顾老人。这是聪明思维,老人健康长寿就是养老机构的"生存所在""效益所在"。

3. 责任心 责任无小事,担责是本事。责任心是具有责任感的心态,指个人对自己和他人、对家庭和机构、对国家和社会所负责任的认识、情感和信念,以及与之相应的遵守规范、承担责任和履行义务的自觉态度。它是一个人应该具备的基本素养。具有责任心的员工,会认识到自己的工作在机构中的重要性,把实现机构的目标当成是自己的目标。责任心是指对事情能敢于负责、勇于主动负责的态度。当越来越多的人对自己的一言一行负责,将自己的分内之事做好,整个社会就多了互信,人们也将生活得更加省心。一个人如果没有责任心,即使他有再大的能耐,也不一定能做出好的成绩来。有了责任心,才会认真地思考,勤奋地工作,细致踏实,实事求是;才会按时、按质、按量完成任务,圆满解决问题;才能主动处理好分内与分外的相关工作,从事业出发,以工作为重,不论有人监督还是无人监督都能主动承担责任而不是推卸责任。有责任心的人,他会明白人生的道理,他能读懂老人的心思,也知道应该怎样做,这是每一个养老院长不可缺少的优良品质。

4. 有耐心 目前,在养老院入住的老人大多身体状况不好,患有老年慢性疾病,有的老人耳聋眼花,交流起来十分困难。有的老人患有中度认知障碍,有的性格脾气古怪。个性差异很大,老人之间常会发生摩擦,产生矛盾和纠纷。养老院收住的如果是失能或半失能等特殊老年人群,这些都需要员工耐心、细心地服务,要反复去开导、引导他们和睦相处。国内养老院曾不止一次出现过同房间老人"互害"的恶性事件。

5. 恒心 做养老工作要有恒心,良好的服务要持之以恒。看似简单的一项工作,看似一个弱小的群体,却凝聚着养老院对老人的关心与爱护,意义非常重大。如果没有恒心,工作就不能到位,就会让社会失去信任,产生不良影响。说实在的,现在民营养老机构的口碑要比物业公司好多了。养老机构和物业公司同是服务性企业,在老百姓的眼里、嘴里反应却迥然不同。老百姓心里有杆秤,俗话说:秤能称轻重,话能测人心语。

二、心理沟通的基本方法

主要有倾听、访谈、共情、接纳、心理社会支持。

1. 倾听 倾听是心理沟通的基本技能,其核心是尊重老人,鼓励老人勇敢而自由地表达其内心真实的感受。良好的倾听有利于营造良好的沟通氛围,建立起良好的人际互动关系。倾听时应面向老人,全身心投入,认真倾听,保持谦虚的身体姿势,肩部放松,身体稍稍前倾,并保持良好的目光接触。倾听中须注意:要选择光线柔和安静清洁的环境,尽可能避免外在环境的干扰。

倾听,说起来容易,做起来很难。在倾听过程中不可表现出焦躁和不耐烦的情绪,不能随意打断老人的讲话或有意无意地引开话题,不可按自身的价值观来评判老人的言论。在与听力困难的老人沟通时,应适当增加手势和面部表情;在与视力障碍的老人沟通时,应增加言语方面的回应频度;在与乘坐轮椅的老人沟通时,可以边推轮椅边倾听老人诉说,并不时低头反馈;在与卧床老人沟通时,则应根据实际情况,或坐或站,靠近床边,并注意保护老人安全,防止其跌落。

倾听的目的主要是让老人多说话,舒缓心理压力。有的老人会通过与朋友聊天来疏解压力,有的老人通过书写来宣泄情绪。无论选择哪一种方式,适合自己就好。

2. 访谈 访谈和倾听一样,都是心理沟通的首选方式,是心理沟通最便捷的手段。访谈的内容可以涉及老人学习生活情感经历的方方面面,访谈过程中"听"重于"说",让老人自由谈论困惑,随时表现出对谈话内容的关注和兴趣,保持非批判性态度,避免先入为主和自我价值观的影响。

3. 共情 共情是指人们的同理心,同感是共情的最好互动手段。在与老人的心理沟通中,需要以共情为手段去深入了解老人的内心世界。在实际操作中需要注意:注重设身处地的感受模式,以老年人的视角看待事物,避免自身社会角色的干扰,最大可能地接近老人的情感体验,全身心地体会老人的内心感受。

4. 接纳 沟通中应强调无条件接纳,也就是说,面对任何老人,都相对恒定地、非批评性地加以对待,不能受到自身价值观影响而对老人抱有强烈情感色彩的态度。无条件接纳的理论强调的是操作层面的标准化、一体化和系统化,而不是思想、观念、认识方面的整齐一致。无条件接纳要注意了解老人的生活背景、生活现状、现实困难和心理需求,以老人的利益和切身感受为基准。

5. 心理社会支持 心理社会支持的内容包括:生存和安全、陪伴和鼓励、解释和说明、安慰和同情、提供重要信息等。沟通过程中,对于心理承受能力和调节能力低的老人,承诺要慎重,做不到的事情不可随口答应。

【延伸阅读】

老人如何做到心理健康呢?老人们经常自叹"我老了""没用了"等。笔者认为首先不要唱衰自己,不要自我贬值,要学会自我增值。让自己增值的途径:读书,增长智慧;运动,增长健康;行善,增长精神;爱家,增长感情。尽量不要把自己与别人比较,找到你所擅长的东西,施展才华。在笔者朋友圈里有位丹麦华侨张定寿老先生,笑脸常在,礼貌常在。他已经80多岁,看起来很年轻、很和善。科学证明微笑使人健康。其次是冷静。遇到事情不要把自己弄得太紧张,平常心对待,把自己放空,独坐静思冥想,意守丹田(即专注肚脐)。每天做一两次,会使自己感到神清气爽。

第二节 文化养老与传统养老的不同方式

文化养老的主要内容:一是老有所乐型。老有所乐型的文化养老,就是要让老龄群体觉得自己的晚年生活是有意义、充实且快乐的。老有所乐型文化养老主要是为满足老年人精神文化需要,例如打太极拳、八段锦、五禽戏及跳舞等健身类;看报、旅游、刷刷手机等休闲类;唱戏、唱歌、书法、绘画等情操类,以及一些传统类活动。二是老有所学型。老有所学主要是指老人们按照提升自身的知识需求,自觉学习,自发学习。通过学习既能陶冶情操,又能获得新知识、新技能。但有的老年人进入老年大学主要是和老哥们、老姐妹们聊聊天,用来打发岁月,消磨时光。南京不仅有个金陵老年大学,还有个南京老年网络大学。老人在这里不仅可以学习书画技艺等知识技能,还可以在学校网络(老年心智健康公众号)上发表作品。这个公众号是由南京邮电大学刘颂教授创办,里面内容丰富多彩。老年人在上面既可以学习新知识,又可以分享知识,这是一个很不错的交流平台。银杏树养老机构中有一批老年会员,在南京网络老年大学网站上多次发表作品。笔者欣悉银杏树万州养老项目荣获民政部、国家发改委优秀案例时,曾作连环图画30余幅以示祝贺并在此平台上发表。

第七章 服务创新 文化暖心

随着社会的进步，老有所为的内涵也在随之不断发展。《中国老龄工作七年发展纲要（1994—2000年）》中第一次对老有所为的内容进行了具体解释：老有所为的对象为低龄老年人，除了需要满足身体健康这一条件外，还在自愿的基础上，参与社会活动，促进社会文明建设。传统意义上的老有所为，更多强调的是老年人在个人小家庭中所做的事情，比方说整理家务、照顾小辈，如接送小辈们上学等。当然新时代的老有所为型文化养老，并不排斥照护小字辈，第二代要上班，第三代没有人照料也不行。如果有条件，老年群体正视自身宝贵的人力资源价值，充分发挥自身的优势，积极主动参与到推动社会经济发展中来，为社会创造出更多价值。但是，在一些人的眼里，他们习惯性地把老龄群体当作社会的弱势群体，甚至把老年人看作是社会包袱。俗话说"家有一老，如有一宝"。青年人应该从老人身上获取宝贵的社会经验。养老机构如果重视这一资源，发挥这一群体所拥有的生活智慧，可以说这是一笔可观的财富。党的二十大报告提出："实施积极应对人口老龄化国家战略，发展养老事业和养老产业，优化孤寡老人服务，推动实现全体老年人享有基本养老服务"。万州敬老院改革后首创志愿者们分工"积分服务"项目，有的负责敬老院绿化管理，有的负责庭院种养项目，有的负责安全等。总之，让有能力、有体力、愿意做事的老人有事可做。银杏树在传统节日（中秋节、春节）年年都要举办敬老公益活动。养老机构员工陪同机构老人一起吃顿团圆饭，让老人们享受一次"福满堂"的幸福时光。老人们开心得像孩子一样。万州敬老院改革打造的"离土不离乡、离乡不离家、离家不离情"的农村养老管理模式，形成了一套在全市乃至全国可推广、可复制的经验。

文化养老与传统养老的区别。中国传统养老主要包括物质供给、尊老敬老、家庭养老等方面。文化养老与传统养老的差异比较:一是落脚点不同。传统养老以达到温饱为目的,而文化养老的核心是满足其精神文化生活。二是方式不同。传统的养老主要在家庭或在邻里中进行,文化养老的方式是文化活动场所、文化产品、文化服务等。三是侧重点不同。传统养老是老年人被动接受子女或赡养人给予的物质和生活费用,属于被动养老。文化养老是老年人根据爱好和精神需要所自主选择的一种养老方式。文化养老的对象是老年人,其核心本质在于养老。推进文化养老,必须将满足老年人需求作为总抓手,立足老年人的身心特点,着眼提升老年人的生命质量,提供"精神赡养""情感赡养",促进"老有所教、老有所学、老有所乐、老有所为",从而让更多、更广泛的老年人在高层次和高水平上享受晚年生活。

在银杏树家园里,传统养老和文化养老元素一直在不断传承与创新。他们在各个城市的各个服务中心各有特色。各院、点结合实际情况,组织员工为老人举办生日会、员工亲属生日祝福、员工年度短线游、学习智能手机使用、微信课堂、日常活动小游戏、组织看主题电影等活动;每年的春节、端午节、中秋节、国庆节等举办节日活动;二十四节气的养生和传统文化等内容,活动常态化。

一、非遗项目烙画受到有文化的老年人喜欢

在养老服务中心,老人吃完午饭,常常一起打牌。志愿者里也有人能歌善舞,常常在社区组织老人们参与歌舞活动。在多功能活动厅,上午就有老人打柔力球、跳老年交谊舞;下午还有合唱队、戏曲队的活动等等。社区灵活场地排班,做到使用最大化,极大地丰富老年人的文化娱乐生活。

二、走秀旗袍,靓丽社区

"美美的旗袍秀团队""邻里互助型老年志愿者团队"是社区里靓丽的一

道风景线。"邻里互助型老年志愿者团队"中成员年龄最大者 85 岁,最小者 62 岁,平均年龄超过 70 岁。为了一个共同目标相聚在一起,两人为一组,识字搭配不识字、会手机与不会手机的组合,认真、系统学习为老服务知识。团队 5 名成员(白云晓、白云巧、朱荣珍、张菊英、谢玉兰)2021 年、2022 年被评选为"好人榜",团队的组织者白云巧在 2020 年被评选为南京市"十大优秀为老服务工作者",2021 年团队接受南京市电视台宣传和报道。

依托社区居家养老服务中心为服务平台,以社区为单元,老年志愿者团队根据自身情况,就近认领,打造邻里互助积分养老雏形,积累了一批忠实服务粉丝和社会爱心人士。通过 4 年的志愿服务,为辖区高龄、独居、"空巢"、失能半失能等特殊困难老年人,提供了力所能及的志愿服务,创造社区出入友好、守望相助的邻里互助良好社会新风尚。

三、音乐伴随岁月匆匆的脚步,舞步跳动着年轮与耕耘

银杏树家园托管的敬老院(与国企合作的单体项目),音乐活动、日常康乐活动、院内农作物种植等成为老年人每天都期待的项目。此外,团队的前身是淮剧戏曲、文艺演出《老年民间艺术团》,具有浓郁的地方特色,成员吹、拉、弹、唱,编剧、导演、演员一应俱全,有时还能客串,受到社区群众的喜爱,累计组织免费文艺演出达数百场次,外部支持演出场次十多次。

四、精心打造墙体文化,丰富老人晚年生活

托管的敬老院,注重院点墙体文化、院点康乐活动和当地的学校进行合作,开展积分养老互助机制、院内农作物种植等,曾受到当地政府表扬、敬老院老人们的点赞和各级新闻媒体的报道。"邻里互助型老年志愿者团队",开始时是松散的群众组织,通过组织、规范管理、人员素养提升,开展周期性培训、会议，专业团队的示范、带教，蜕变成一支链接政府、社区、居家养老、社区老人及家属的有力量、有温度的团队。扎根社区，深入群众，触动最真实的社会脉搏，传递党的政策，服务社会弱势群体，化解矛盾，用实实在在的服务去关心、陪伴有困难的老年人，丰富他们的精神文化生活，同时，也解决了大量的年轻一代因外出务工家中老人无人照料所带来的社会问题。

过去讲民生质量，现在谈生活品质。品质比质量有更深的含义，其内涵和外延更丰富。养老机构和医院临床的护理是完全不一样的两种模式。在医院以治疗为主，在养老机构以服务为主。在这期间，沟通能力显得尤为重要。在医院，病人看病上机器检查、医生开处方、缴费取药，结束就结束了。在养老行业，需要用更多的责任心和爱心，如果没有这种服务态度去对待工作，是完全做不好的。

根据老年人身心健康状况需求，开展文艺、美术、棋牌、健身、游艺、微课堂、观看影视、参观游览等活动。文化娱乐服务主要由养老护理员、社会工作者组织，邀请专业人士或相关志愿者给予指导，并配备文化娱乐服务必要的环境、设施与设备。开展活动时，机构提供必要的安全防护措施。

第三节 银杏树文化养老现状与对策

文化养老作为银杏树为老服务的重要部分，主要呈现以下特点：依托机构养老，开展社区居家活动，社区居家文化娱乐活动反作用于机构养老。不同的社区各有特色，如文化层次需求不同的、不同年龄的、不同地域等。针对不同失能程度的老人，活动形式多样，发挥老人自身资源，采取线上与线下相结合等运营方式。

【延伸阅读】

银杏树文化养老项目扫描

一、烙画

烙画是中国民间传统的一种绘画技艺,烙画也叫烫画,是用烧热的铁扦(现在用电烙铁)在扇骨、梳篦、葵扇、木制家具、木片及胶合板上烫出各种人物、山水花卉、飞禽走兽等纹样。烙画工艺步骤包括:选料、拓稿、临摹、切板。通过烙画学习,帮助了老年人、志愿者、残障人士修身养性,能够训练、缓解智力衰退。中央电视台曾经报道过南京烙画名人辛迪老师。银杏树社工、志愿者以及老人,利用业余时间跟辛老师学习。完成的作品可以作为各个中心的装饰,外国朋友来参观,烙画成为银杏树与客人交流的礼品。烙画作品曾在老年福祉博览会上参展,很多国外的同行对烙画感兴趣。烙画已经在银杏树多个院点开展,银杏树希望烙画能作为南京地方养老文化产品进社区,让每一位长者参与其中,实现自我价值,增强自我信心,享受老年人精神文化生活。

辛迪老师由转业军人跨进艺术殿堂,近30年的创业生涯,使他成为远近闻名的烙画艺人。他曾于1991年在南京举办首届大型个人烙画展;1997年创作的组画《金陵十二钗》被国家红楼艺术博物馆收藏;1998年春在北京举办我国首次"百虎烙画展",被誉为"中国百虎烙画第一人"等。

辛迪老师的儿子牛吉是中国非物质文化遗产——烙画传人,儿时因体弱多病被定为二级智障,没上过学,在父亲几十年如一日的耐心培养下,以超凡的意志力,终于走上了传承祖国烙画非遗的艺术道路,不仅改变了自己的命运,还走进社区在文化养老的艺术园地里辛勤耕耘,结出了一个又一个丰硕成果。他的木板烙画和葫芦烙画,线条流畅、小中见大,具有一定的观赏和收藏价值。牛吉也已经成为银杏树养老家园的小老师了。

二、音乐照顾

社区老人和机构老人在音乐照顾老师的带动下,开心愉悦。音乐照顾老师每周安排到各中心巡回演出,非常受老年人欢迎。特别是在银杏树凤凰山中心,有一位九十几岁的老人刚住进来的时候,不愿意跟其他老人沟通,但是进入音乐照顾的环境后,响铃、响板、音乐声音的刺激,这位老人慢慢地融入了这个环境,生活得很开心。音乐照顾对老人的身心健康非常有益。老人,不分年龄段,聚集在一个活动场地进行音乐小组活动,和社工、志愿者之间互动,借助音乐的引导,配合身体动作,辅之相关的乐器,发出优美的旋律,让老人达到身心愉悦的效果。音乐照顾活动不分对象、地点,适合不同身心状况的老人,自理、介助、介护、失智的老人都可以参加。音乐照顾分为肢体运动篇、娱乐篇、益智篇、期盼篇等。这些在银杏树机构、社区活动中都能充分地得到运用。

三、空竹

抖空竹是中国传统文化中一株灿烂的花朵。空竹古称"胡敲",也叫"地铃""空钟""风葫芦"。抖空竹亦称"抖嗡""抖地铃""扯铃"。这种民间游艺活动,流行于全国各地,天津、北京及辽宁、吉林、黑龙江等地尤为盛行。银杏树浦口养老中心有一个空竹团队,有十几位抖空竹的技艺同仁,定期特别是在大型节日的时候,来到中心给老人开展表演活动,吸引附近社区的老人参与。空竹团队曾代表浦口区参加过南京市年会获得奖励。抖空竹是一门艺术,也是一项全身运动项目,对老年人的四肢、躯干、头、颈都有锻炼作用。经常练习抖空竹可以提高耐力、强身健体,并且对身体各关节有锻炼作用。抖空大幅度运动,转体下蹲,上仰下俯,使肩关节、肘关节、腕关节、膝关节、踝关节以及腰椎和颈椎都能得到锻炼。因此,经常抖练空竹的人,关节都比较灵活,患关节疾病的很少。有的老人患有多年的肩周炎,通过抖空竹治好了。患有颈椎和腰椎病的人,通过抖空竹,症状也明显减轻了。

卓远洲师傅是一位热心、健谈的志愿居家养老服务员,他从不计较个人得失,看到孤寡老人一个人在家,在做完基础服务后,就多陪老人一会,陪老人聊天,听老人倾诉。他总是把乐观的情绪带给老人,深受老人及其家属、邻里的好评。作为志愿者骨干,他积极协调其他志愿者之间的关系以及与老人的关系,服务中及时了解志愿者成员及老人的需求,有问题及时向工作人员沟通汇报并把自己积极向上的奉献精神和做事态度,以及不怕苦不怕累的工作精神影响其他成员。

卓师傅不光自己做公益,他还多次发动身边的老年朋友,筹集物资捐赠给养老院以及困难的孤寡老人,包括捐赠饺子、善款等,整合更多力量为孤寡老人服务。卓师傅还是一位抖空竹的高手。他不只是自己抖空竹,还吸引了一批空竹爱好者,组建了具有特色的空竹表演队,在浦口区成立空竹协会。空竹活动既锻炼了身体,也增强了老年人之间的友情。卓师傅还主动教身边的残障人士练习空竹,为了更好地沟通,卓师傅特意找到特殊教育学校学了手语,为感兴趣的残障人士提供指导和训练,并使残障人士在一次比赛中获奖,大大增强了残障人士的自信心。卓师傅经常带着空竹队出去参加比赛或者公益演出,多次在节日庆祝活动为养老院老人进行爱心表演。2016年获浦口区第一届空竹大赛三等奖。卓师傅注重传帮带,培养了一批批新人,同时也培养出了一位年轻的空竹队长。

四、经络拍打运动

经络是人体运行气血的通道,包括经脉和络脉。拍打经络的作用具有疏通经络、活血化瘀的作用,特别适宜年龄大的老年人运动。年龄大想运动没有劲,做做拍打运动很好,拍打全身经络可以改善腰酸腿痛、关节疼痛、颈肩酸软、头昏脑涨等症状,还可以调整脏腑功能,缓解发热、畏寒、咳嗽、咳痰、口咽干燥、大便秘结、食欲缺乏的情况。在拍打经络的时候,应遵循自上而下,从左至右,从外到内的顺序进行,以免操作不当引起不良后果。最好是在专业人士指导下拍打,不可以私自盲目操作,以免使用手法或方法不当,影响到身体健康。

为了便于老年人学习拍打运动,银杏树为此专门制作一套视频(低端、中端、高端三档)供老年人学习使用。拍打经络时需要采用实心掌或空拳姿势,防止因用力拍打导致局部皮肤出现肿胀以及瘀青的情况,拍打经络后还需要做好保暖工作,避免寒气进入体内。视频中详细介绍了穴位、经络走向以及拍打运动需要注意的事项。

五、书法绘画

书法绘画是我国重要的传统文化。银杏树服务中心整合了辖区书法老师、收集书法爱好者信息,并不定期举办"以书画会友"的活动。中心还整合了有很多从正规的老年大学学习的老年朋友,到中心各院点进行书法绘画传授技巧与交流,成为银杏树书法绘画骨干。

(一)老关(本书执笔人) 退休后编写出版了很多著作:如《创业启示录》《创业金典丛谈》《运动与健康》《生活方式决定健康》,参与江苏省民政厅主持编写的大型养老工具书《养老机构服务与管理实务》一书等。多年来,老关一直在摸索将习近平谈治国理政的金句以书画形式表现出来,并准备在万州敬老院举办习近平谈治国理政金句书(画)作品展。

(二)吕长凤医生　吕长凤医生已经七十多岁,她平时帮助机构老人进行力所能及的配药工作,陪老人聊天,一起过生日会,把自己享受老年生活的心得和机构老人分享。她最开心的是每个礼拜都去老年大学学习绘画,学完后就来到养老机构和社区,一边做志愿者,一边自己画,同时也带动其他老人一起学习绘画。

(三)其他特色团队　有的院点还有乒乓球队、棋牌队、柔力球队及京剧、戏曲、旗袍表演等团队,都是文化养老的重要内容。

(四)志愿者团队　志愿者在银杏树文化养老过程中发挥了巨大的作用,中心所有的活动,都是通过银杏树"志愿者之家"来开展的。同时积极挖掘周边的学校资源,学生们通过歌舞、表演,极大地丰富了文化养老的内容。

六、银杏树文化养老对策

(一)组织筹建银杏树文化养老研发院。从组织上保证银杏树家园文化养老实施,从系统上考虑银杏树文化养老项目,如院歌、养老宣言、唱红歌、读书会等。积极与各地党校、学校对接,宣传文化养老,招募活跃的、有一技之长的爱心志愿者参与到文化养老中来。准备在万州筹办万州农村老年大学。万州农村敬老院改革硬件标准基本与城市相同,如果要实现"养老城乡一体化"这一大目标(振兴乡村、带动内需、激发银发经济),现在主要是文化养老没有与城市同步,需要大力跟进。筹办万州农村老年大学就是准备补齐这块短板。

万州农村老年大学开设的课程、教材、师资等都是围绕农村、开发本地化资源。课程如开设"习近平谈治国理政"课与听红歌、看红剧(包括本地的优秀传统戏剧歌舞)、读红书,谈家乡巨变,谈美好生活。种植养殖课,如本地种植养殖,如万州玫瑰香橙、茅山贡桃、万州红橘属于历史悠久的古农作物良种。乡土教材如种菜种花、制作肥料、无化学灭虫等传统手艺。非遗文化养生课(目前已开始编写的有抖空竹教材)。本地特色饮食等。教师来源于养老机构工作人员、老人及当地学校老师和学生。万州养老机构每个工作人员既当老师又当学员,在学中干,在干中学,把护理员培养成为多面手。

如何筹办万州农村老年大学,将请示万州市委宣传部,课程设置、教材、师资等与农业农村部门、文旅部门、地方志等部门共同商量。再与南京网络老年大学资源进行对接,多渠道研制老年大学课程,并先选择1~2个项目把老年大学先开展起来,然后不断丰富内容,各点复制。

(二)遴选人才。银杏树为每个院点推选出文化养老领军人才。与各点负责人、社工交流,协助挖掘本院点的文化养老领军人才,探索制定服务本区域的娱乐文化养老活动项目,制定年度计划,并监督落实。

(三)继续发挥党支部、工会、妇联、共青团等组织对员工、老人、志愿者的关怀行动。

(四)加大与烙画、书画等绘画老师、长辈、爱好者的交流,建立一种常态化运作。准备把需要布置的文化墙装饰起来,并组织大型展示活动。

(五)把二十四节气继续作为特色亮点打造。二十四节气,是千百年来我国劳动人民随着农业生产的发展而创立的。自然界气象、物候的变化在二十四节气中直接反映出来,为农事活动提供了科学依据。根据中医理论,人与自然界是天人相应"形神合一"的整体,人类机体的变化、疾病的发生与二十四节气同样紧密相连。在此基础上,银杏树家园设计二十四个不同的活动,在弘扬传统文化的同时,顺应自然规律,促进各养老院老年人的身心健康。

（六）"一本手工册，相伴顾此生"项目继续优化和实践。协助老人通过制作个人手工回忆录，回顾人生各阶段经历，达到整合自我、接纳自我的目标。建立同伴小组，相互陪伴，建立彼此支持的社会关系。发展老人与家庭、社区等环境互动的力量，提升老人与环境的调适程度。具体做法是通过游戏、影视欣赏、手工、分享形式等引导老人自主制作个人回忆录，运用人生回顾理论引导老人分享过往生命的正面事件和人生经验，建立自尊，整合自我；协助老人建立同伴群体，增强社会支持关系；打开老人与家庭互动的话题，促进家庭对老人的了解，促进老人与家庭系统的正向互动。通过提升社区环境对老人的认识程度，增强社区环境对老人的支持。

（七）把时光列车作为一个亮点，在院点团队建设中开展小组活动。时光列车，浮现过往种种，感慨万千，"不经历风雨，怎能见彩虹"，只有经历辛苦与历练，才能守得云开见月明，才会有闲看庭前花开花落、宠辱不惊的安静与洒脱。引导团队回顾过去，展望未来，提醒我们珍惜当下。人生是一场不可重来的大戏，时光代表方向，只要我们掌握宇宙运行的规律，遵循自然法则找到正确的方向，知难而闯，一定能闯过九九八十一关，取到自己的"真经"。

（八）让每年的乐享节，真正成为老人的"乐""享""节"。每年的乐享节让团队从策划到实施、到结束，都能让老人感受到气氛的欢乐。让银杏树家园各地方既有上下同欲的"总同步"，各个城市中心又能够灵活变通的"分院行"，做成银杏树的亮点乃至养老行业的亮点。

关于经费问题。从养老服务中心每年预算中，拿出部分资金作为文化养老活动资金。其次是争取政府购买养老服务，链接公益机构。再是走市场（传统节日义卖等），和有关机构联合开展服务活动和开发精品项目，探讨市场化运作。

【权威金句】

☆"我多次强调,要坚定文化自信,推动中华优秀传统文化创造性转化、创新性发展,继承革命文化,发展社会主义先进文化,不断铸就中华文化新辉煌,建设社会主义文化强国。统筹推进'五位一体'总体布局、协调推进'四个全面'战略布局,文化是重要内容;推动高质量发展,文化是重要支点;满足人民日益增长的美好生活需要,文化是重要因素;战胜前进道路上各种风险挑战,文化是重要力量源泉。'十四五'时期,我们要把文化建设放在全局工作的突出位置,切实抓紧抓好。要坚持马克思主义在意识形态领域的指导地位,坚守中华文化立场,坚持以社会主义核心价值观引领文化建设,紧紧围绕举旗帜、聚民心、育新人、兴文化、展形象的使命任务,加强社会主义精神文明建设,繁荣发展文化事业和文化产业,不断提高国家文化软实力,增强中华文化影响力,发挥文化引领风尚、教育人民、服务社会、推动发展的作用。"

(习近平在教育文化卫生体育领域专家代表座谈会上的讲话)

党的十八大以来,以习近平同志为核心的党中央深刻阐述文化事业在丰富人民群众精神文化生活中的重要地位、功能作用和原则任务,为公共文化产业的发展指明方向。坚持把社会效益放在首位、社会效益与经济效益相统一,推动公共文化服务均等化、产业化发展,完善政府主导、社会参与、居民评估的公共文化服务共建共享格局,助力各类文化市场主体生产创作,推动文化产业的样态更新,构建高质量文化产品供给体系,培育新型文化消费模式,为文化产业的高质量发展提供支撑,不断丰富人民精神文化生活。

主要参考文献

[1] 中共中央宣传部理论局. 中国制度面对面[M]. 北京:学习出版社,人民出版社,2020.

[2] 人民日报评论部. 习近平用典[M]. 北京:人民日报出版社,2015.

[3] 中央宣传部(国务院新闻办公室),中央党史和文献研究院中国外文局. 习近平谈治国理政(第三卷)[M]. 北京:外文出版社,2020.

[4] 中共中央党史和文献研究院,中央"不忘初心、牢记使命"主题教育领导小组办公室. 习近平关于"不忘初心、牢记使命"论述摘编[M]. 北京:中央文献出版社,党建读物出版社,2019.

[5] 关兰友,吴友凤. 养老机构服务与管理实务[M]. 南京:东南大学出版社,2017.

[6] 吉崇波,关兰友. 运动与健康[M]. 南京:东南大学出版社,2007.

[7] 董红亚. 养老机构的建设和管理[M]. 北京:中国社会出版社,2015.

[8] 人民网. 习近平系列重要讲话数据库.

后 记

为深入贯彻落实习近平总书记关于养老服务工作的重要指示批示精神，民政部紧扣提高农村养老服务质量目标，抓住深化改革契机，坚持以问题为导向，以创新为抓手，着力推进农村敬老院公建民营改革，彻底扭转传统敬老院"公办养老机构存在效率不高、功能错位、设施设备落后、服务质量较低等一系列问题"。2020年，民政部、国家发展改革委开展的公办养老机构改革典型经验收集及遴选工作，按照地方推荐、专家评审、系统比对、部门联审、网站公示等程序，遴选出了重庆市万州区银杏树养老服务有限公司等49家公办养老机构改革优秀案例。编者认为这些优秀案例都是各地探索和实践的宝贵经验，门类齐全，优点突出，值得学习借鉴。公办养老机构改革试点向我们展示了一个新的养老服务发展方向和路径，表明了政府大力推进养老产业发展的决心和信心。农村敬老院改革经验如果能跨地域发展，在全国生根开花结果，最终实现养老城乡一体化，其政治意义十分重大，其经济价值巨大，对于振兴三农、推动文旅有着不可估量的作用。

本项目在运作过程中以及本书在资料收集方面，得到社会各界人士的大力帮助，在此对以下人员表示感谢：

蒋艺义、刘大伟、高子清、陈知尧、饶小雪、赵达春、向东、龚志鹏、王子鸣、何俊、唐备、谢毅、万强、管常青、何立云、李为华、刘小燕。吴玉韶、朱耀垠、乔晓春、乌丹星、茆永福、张定寿（丹麦华侨）、林莉、叶翔宇、姜芳、钱维、蒋蕴祥、陈芳、周新华、陈永、张解民、杨靖、陈华玉、杨庆霞、韩品嵋、易婕、马道军、董婉愉、钟萍、谢定兰、袁刚、王昊阳、李红、曹亚男、王传猛、李步龙、常凤阁、胡中正、吉崇波。郭剑平、黄健元、刘晓光、沈苏燕、周建芳、唐东霞、朱晓、张李、杜军雁、程道远、罗元、时英平、余春生、何伟、靳朝平、杜吴娜、王进、周世银、王军杰、鲁爽、李雪娜、吴友兰、彭佩芝、向阳、徐冕、水恒丽、张小美、杨康、尹春华、申佳琪。

前期考察

2020年7月25日万州领导来宁考察

第一次到万州调研

我们在万州爱心养老院（1）

我们在万州爱心养老院（2）

第一个项目九池试点

九池第一个院点

第一个项目交接后开始运营

和院长做思想沟通工作

九池养老院门头

九池养老院样板间

台账管理

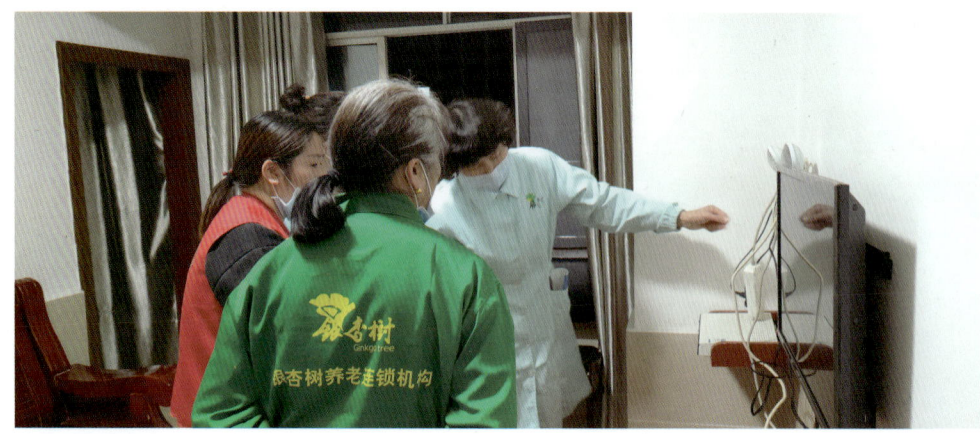

安全检查带教

带老人活动

电梯安全排查

每天晨会,互相交流

一对一和员工沟通

晚上值班查房带教

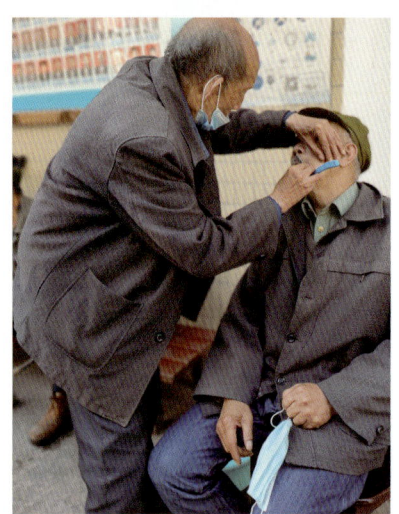
老人互助刮胡子

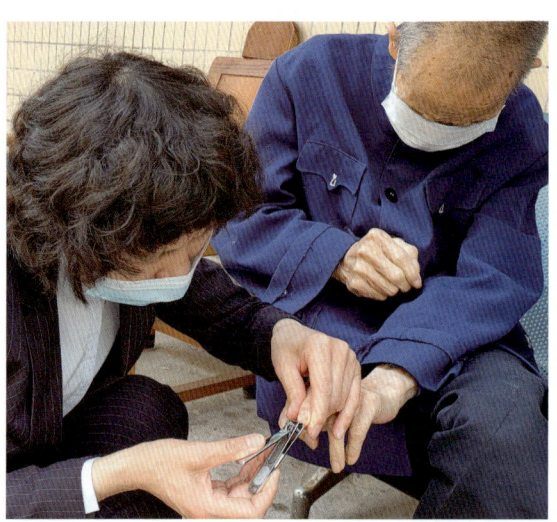
给不能多说话的爷爷剪指甲

吴主任给老人洗床垫

敬老院运营

白土养老院

陈家坝养老院

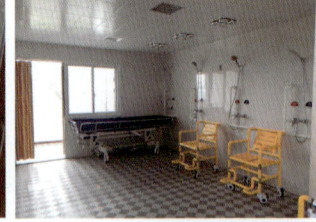

甘宁养老院

高峰养老院

九池养老院

李河养老院

双河口养老院

宁万论坛

2022年宁万第一次论坛

2022年宁万第一次论坛合影

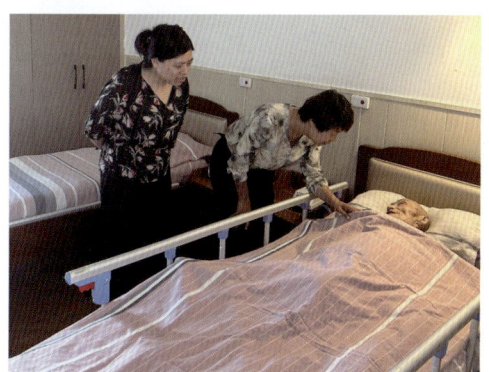

参观（1）

参观（2）

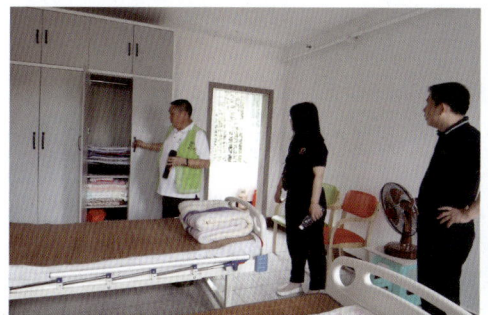

参观（3）

例会

第二届宁万论坛

第二届宁万论坛座谈

第二届宁万论坛（1）

第二届宁万论坛（2）

第二届宁万论坛合影

座谈合影

活动图片